Collana Arc

di letteratura s

CW01670371

Tutte le immagini riprodotte in questo libro sono tratte dall'archivio dell'Editore, che rimane a disposizione degli eventuali aventi diritto.

La copertina è stata realizzata da **Ilaria Panero**

Proprietà Letteraria Riservata
All rights reserved
Copyright 2017 by Bradipolibri Editore S.r.l. - I Edizione
Copyright 2018 by Bradipolibri Editore S.r.l. - Ristampa
Copyright 2018 by Bradipolibri Editore S.r.l. - II Ristampa

BRADIPOLIBRI ©

Piazza Statuto, 9 - 10122 Torino
tel. 0125.639428

esclusivamente per la corrispondenza:
Bradipolibri c/o Casella Postale 7 - via Dora Baltea, 16 - 10015 Ivrea
www.bradipolibri.it
edizioni@bradipolibri.it

QUANDO IL CALCIO ERA CELESTE
Niccolò Mello

ISBN: 9788899146436
printed in Italy

COLLANA ARCADINOÈ DI LETTERATURA SPORTIVA

GRAFICA E IMPAGINAZIONE
BRADIPOLIBRI EDITORE S.R.L.

Niccolò Mello

QUANDO IL CALCIO ERA CELESTE

L'Uruguay degli Invincibili, la prima squadra che dominò il mondo

BRADIPOLIBRI

A Francesca, la trama più bella della mia vita

«Eravamo giovani, giocavamo a calcio, eravamo invincibili»
Josè Nasazzi sulla tomba di Hector Scarone nel 1967

NOTA DELL'AUTORE

L'uomo è per natura portato a privilegiare ciò che ha sotto i propri occhi, ciò che può controllare e capire facilmente, senza sforzarsi troppo. Sarà per questo che tante volte si dimentica del passato. Eppure ciò che era è fondamentale per capire chi siamo e quello che diventeremo. Vale in ogni aspetto della vita. Vale anche nello sport, nel calcio. Non sarebbe altrimenti spiegabile, dal mio punto di vista, come il Grande Uruguay dei "Los Invencibles", una squadra capace di vincere tutto e creare uno stile di gioco per l'epoca altamente particolare e innovativo, passi oggi quasi in secondo piano, accantonato e ignorato dalla frenesia dei ritmi contemporanei, dall'impellenza della fredda attualità, dalla superficialità di certe analisi. Quell'Uruguay paga pegno, nelle valutazioni di numerosi addetti ai lavori del presente, perché non c'era la tv e i pochi filmati e le immagini che sono pervenute fino a noi sono sbiadite, consunte, segnate dall'incedere del tempo. Paga pegno perché era un calcio di un periodo lontano, intriso di romanticismo, ma anche avvolto nel dilettantismo, dove i calciatori erano onesti lavoratori e non macchine per fare soldi. Ma la "colpa" è nostra, non loro. La "colpa" è di chi dimentica e trascura. Di chi preferisce osservare da lontano. Di chi non entra in profondità. Di chi pensa che lo sport prima di un determinato periodo non meriti abbastanza considerazione e abbastanza rispetto. Di chi non comprende che quel calcio presentasse una serie di criticità oggi nemmeno più pensabili, dalle infami condizioni dei campi ai palloni di cuoio scadenti, dalle cure mediche il più delle volte inadeguate agli indumenti decisamente poco curati e performanti.

Era un calcio diverso da quello visto in seguito perché lo

sport è sempre diverso, a seconda dell'epoca e del contesto. Ma era un calcio vero e ugualmente degno di essere ricordato, studiato, analizzato e portato alla ribalta. Un calcio che, per citare Carlo Felice Chiesa, storico e giornalista italiano, «era già popolato da campioni straordinari». Campioni straordinari come Josè Nasazzi, il favoloso capitano, dotato di un carisma e una forza di volontà eccezionali. Oppure Josè Leandro Andrade, genio in campo e sregolatezza fuori, che divenne un idolo delle folle anche in Europa, grazie all'eleganza e alla naturalezza dei gesti. Oppure Hector Scarone, uno dei più grandi calciatori di tutti i tempi, una sorta di Pelè dell'era pionieristica, a mio avviso sottovalutato da diversi esperti anche illustri e apprezzato realmente solo da coloro (comunque non pochi, per fortuna) che scelgono di scavare a fondo tra i solchi del *futbol* sudamericano e uruguaiano.

Grazie a questi e ad altri fuoriclasse, a un Paese all'avanguardia sul piano culturale, politico, economico e sportivo - l'Uruguay fu la prima nazione al mondo ad aprire le porte dello sport a tutti, indipendentemente dal colore della pelle e dall'estrazione sociale - quel piccolo staterello che ai tempi contava poco più di un milione di abitanti, stretto nella morsa di due colossi come Argentina e Brasile, è stato il protagonista di imprese calcistiche memorabili: in sette anni (dal 1923 al 1930) vinse qualcosa come tre edizioni di Coppa America, due ori olimpici in Europa (e farlo in un continente diverso dal proprio è sempre difficilissimo) e il primo Campionato del Mondo della storia. Ma nonostante gli straordinari risultati, nessun libro è mai stato dedicato a quella formazione da leggenda, mentre è pieno di opere e articoli celebrativi (giustamente) sull'Italia di Pozzo e il Grande Torino, l'Ungheria di Puskas e il Brasile di Pelè, il Real Madrid di Di Stefano e l'Olanda di Cruijff, il Milan di Sacchi e il

Barcellona di Guardiola. Ecco perché ho deciso, insieme con la casa editrice Bradipolibri, di investire in questo progetto. Il mio è solo un piccolo contributo, che intende donare finalmente un po' di visibilità a quella generazione di fenomeni, riportando alla luce i fatti e i protagonisti. Modestamente, spero sia solo il primo passo e altri possano un domani raccogliere il testimone, in modo da dare al Grande Uruguay dei "Los Invencibles" e ai suoi campioni il riconoscimento e la fama che meritano.

PARTE PRIMA

AL CUORE DELL'URUGUAY

Piccolo, ma ardito

«Vola solo chi osa farlo». Luis Sepulveda è cileno, ma questa sua celebre frase, asse portante del libro "Storia di una gabbianella e del gatto che le insegnò a volare", sembra tagliata su misura per il popolo uruguaiano. Un popolo fiero, che nel corso della sua storia ha sempre scelto di osare e di volare, anche quando il contesto intorno avrebbe magari suggerito di percorrere strade più prudenti. È così anche ai giorni nostri. Basta vedere la recente politica dell'ex Presidente della Repubblica, Josè "Pepe" Mujica, un personaggio molto amato dai suoi compatrioti, che vive in una modesta fattoria, ha devoluto il 90 per cento del suo stipendio ai poveri e ha attuato, al di là del fatto che si possano o meno condividere, una serie di riforme coraggiose e decisamente fuori dal coro: dalla depenalizzazione dell'aborto all'introduzione dei matrimoni gay, fino alla liberalizzazione del consumo di piccoli quantitativi di marijuana, in modo da strappare il mercato alla piaga del narcotraffico. Evidentemente, essere alternativi, impavidi e audaci, giocando d'anticipo, è ed era l'unico modo per sopravvivere tra due giganti come Argentina e Brasile, che hanno sempre cercato di mettere i bastoni tra le ruote al Paese *charrua* - come è anche chiamato l'Uruguay, dal nome della tribù indigena che abitava originariamente quelle terre. Proprio contro i brasiliani, gli uruguaiani devono combattere per ottenere l'indipendenza, quando ancora il calcio e il "Maracanazo" sono concetti lontani nel tempo. Siamo nei primi decenni del 1800 e la zona orientale del Rio de La Plata si trova sotto il controllo del Brasile. Fino a quel momento i tentativi di liberarla si sono rivelati inutili e infruttuosi. Nel 1825 però il generale Juan Lavalleja convince l'Argentina a dichiarare guerra agli invasori e, a capo di un esercito chiamato i "Treinta y Tres Orientales", riesce nel 1828 a sconfiggere i nemici nella battaglia di Ituzaingo. Il successivo trattato di Rio de Janeiro obbliga i due grandi vicini a riconoscere l'esistenza dello stato uruguaiano. Due anni dopo, nel 1830, l'approvazione della costituzione e la proclamazione della Repubblica danno ufficialmente il via all'Uruguay come nazione.

Ma rimanere liberi non è facile e non lo sarà mai, perché Brasile e Argentina - soprattutto l'Argentina - non sono molto abituati a scendere a compromessi. Ecco perché diventa fondamentale mantenere nervi saldi, invidiabile spirito patriottico e dimostrarsi costantemente prodighi di idee all'avanguardia, idee capaci di assicurare al Paese prestigio, fascino e renderlo un unicum nel panorama sudamericano e internazionale. La spinta innovatrice non tarda a manifestarsi, sin dalla riforma del 1877, con cui il governo garantisce un sistema di educazione scolastica gratuito, obbligatorio e laico. Ma è solo l'antipasto di quello che si verifica agli inizi del XX secolo, quando viene eletto Presidente della Repubblica Josè Batlle y Ordòñez. Un uomo che non ha paura di osare e di percorrere strade nuove puntando su una politica riformista e che guarda al futuro. I primi 20 anni del '900 portano il piccolo Uruguay a una miniera di conquiste in ogni campo, dall'abolizione della pena di morte all'approvazione della legge sul divorzio; dall'introduzione del diritto allo sciopero e delle otto ore lavorative giornaliere alla modifica della Costituzione. Fino alla concessione del suffragio universale nel 1917 (in Italia capiterà solo nel 1946), la sesta nazione al mondo a farlo e ovviamente la prima in Sudamerica. Tutti aspetti in cui l'Uruguay si rivela un precursore, tanti tasselli di un articolato puzzle che permettono di raggiungere livelli di sviluppo sociale e benessere economico paragonabili alle più avanzate nazioni europee e di guadagnarsi un soprannome che dice già tutto: "La Svizzera del Sudamerica". È in questo scenario di frizzante vitalità e continua intraprendenza, che il calcio prende piede in Uruguay, diventando uno straordinario veicolo di promozione dei valori del popolo *charrua* in tutto il pianeta.

Bianchi e neri, ricchi e poveri: il calcio è per tutti

Come in ogni storia calcistica che si rispetti, il merito è sempre di un inglese. L'Uruguay, che pure è lontano dall'Inghilterra 11mila chilometri, non fa eccezione: d'altronde, le distanze per i britannici sono sempre state un concetto relativo. Per secoli hanno tenuto in mano un impero coloniale con domini sparsi nei più sperduti angoli del globo.

L'inglese della nostra storia si chiama William Leslie Poole. Nasce nel 1866, tre anni dopo la fondazione della Football Association, si laurea a Cambridge e a soli 20 anni decide di imbarcarsi per il Nuovo Mondo. Va a Montevideo, dove insegna fino al 1920 nel liceo inglese della città. Ma la scuola non è la sua unica passione: da buon britannico, Poole ama lo sport. Non è un caso che l'Inghilterra del XIX secolo diventi la culla di numerose discipline moderne. Uno degli effetti positivi della rivoluzione industriale avvenuta tra 1700 e 1800 è - soprattutto nel Regno Unito - un aumento generale della ricchezza, che coinvolge una fetta sempre più ampia di cittadini e porta alla formazione della *middle class*, vera forza trainante del nascente capitalismo. Avendo così alle spalle una sicurezza economica fino ad allora sconosciuta, molti sudditi di sua Maestà iniziano a dedicarsi con crescente frequenza ai piaceri della vita. Tra questi, c'è lo sport. E il calcio è solo uno dei tanti. Dal rugby al cricket, dal tennis al golf, sono tantissime le discipline che sperimentano, fanno proprie e diffondono con alterne fortune nel resto del pianeta.

Da buoni inglesi, sono anche convinti di essere sempre un passo avanti agli altri. Quando arrivano nel Rio de La Plata, alla fine dell'800, non immaginano minimamente che quei giovani di Buenos Aires e Montevideo a cui stanno mostrando i primi rudimenti di un nuovo gioco, da lì a poco tempo li avrebbero ampiamente superati, creando una loro inimitabile scuola. Anche perché, nei primissimi anni, il calcio fatica a farsi amare dalle popolazioni locali.

«Chi sono quei ragazzi biondi che stanno calciando una palla?» chiede un bambino di Buenos Aires. «Pazzi» risponde il padre. «Inglesi pazzi». L'episodio, citato dal grande scrittore uruguaiano Eduardo Galeano, è indicativo di come il calcio non riesca a fare breccia nel cuore della gente sul finire del XIX secolo. Non è un caso che la prima partita internazionale giocata in Uruguay - siamo nel 1889 - venga disputata solo tra inglesi immigrati.

Così, quando William Poole sbarca a Montevideo, il lavoro da fare è tanto. Oltre a spiegare il *futbol* agli studenti e influenzarli nelle scelte future - il suo allievo Enrique Lichtenberger, ad esempio, fonderà nel 1891 l'Albion Football Club, la prima società calcistica del Paese - Poole diventa arbitro, dirigente e infine primo presidente della nascente associazione calcistica. Un percorso normale, fin qui, in linea con quello di altri "padri della pedata" in giro per il mondo, da Alexander Hutton in Argentina a Belfort Duarte in Brasile.

La vera innovazione di Poole è un'altra: è il primo ad aprire le porte a tutti. Bianchi e neri, inglesi e spagnoli, ricchi e poveri. Il calcio uruguaiano non sa cosa sia il razzismo: ogni ragazzo, di qualsiasi etnia, origine o estrazione sociale, può avvicinarsi a quel mondo e dimostrare il suo valore su un rettangolo di gioco. Un'idea unica e assolutamente sconvolgente per i tempi, soprattutto se rapportata a quanto avviene nel resto del continente sudamericano, dove rimane invece, e a lungo, un gioco elitario per soli bianchi. Resta famoso, ad esempio, l'episodio verificatosi nel 1916, in occasione della prima edizione di Coppa America, conquistata proprio dall'Uruguay. La Celeste schiera nella competizione due calciatori di colore, gli attaccanti Isabelino Gradin e Juan Delgado. Dopo il match contro il Cile, vinto 4-0, i dirigenti cileni pretendono l'annullamento della gara perché gli avversari avrebbero fatto giocare, secondo loro, due africani, entrambi tra l'altro decisivi per il risultato finale. Gradin, in particolare, è un vero portento. Originario del Lesotho, cresce nel Barrio Palermo e si afferma nel Peñarol. Ha un sinistro che incanta, un dribbling secco e pungente ed è una scheggia, con o senza il pallone tra i piedi: oltre al calcio si dedica con successo all'atletica leggera, laureandosi due volte campione sudamericano dei 200 e dei 400 metri.

Da nessun altra parte succede che i neri possano affermarsi nello sport. Persino il Brasile, che pure è una terra di immigrazione, un crogiolo di etnie e culture diverse, fatica a smarcarsi da certi pregiudizi. Si pensi al caso di Artur Friedenreich, non uno qualsiasi, ma un campionissimo, accreditato di 1239 reti in 26 anni di carriera. Mulatto, figlio di un tedesco e di una donna di origine africana, è costretto a spargersi sul viso della polvere di riso per poter giocare. E si pensi anche al divieto del Presidente del Brasile, Epitacio Pessoa, di schierare giocatori di colore nelle partite della nazionale in occasione della Coppa America del 1921.

Davvero un altro mondo e un altro modo di concepire il *futbol* rispetto ai vicini uruguaiani. La cui filosofia in ambito sportivo rispecchia fedelmente gli ideali della società in cui vivono, molto più tollerante, libera e all'avanguardia di qualsiasi altro Paese sudamericano del periodo. La scelta, oltre che sul piano etico, si rivela azzeccata anche su quello tecnico: aprire le porte a chiunque permette a dirigenti e allenatori di avere a disposizione molti più giocatori da visionare e di creare squadre eterogenee e flessibili, capaci di coniugare l'esuberanza atletica dei ragazzi di colore cresciuti al ritmo del candombe (la danza tipica uruguaiana importata dall'Africa e basata sulla percussione di tre tamburi), con la sagacia tattica e la tecnica individuale dei bianchi.

Eppure, non basta solamente questo fatto per spiegare come sia possibile che un Paese di nemmeno due milioni di abitanti, grande come una noce sul mappamondo, arrivi nei primi decenni del '900 a dominare la scena calcistica internazionale in modo così marcato e inequivocabile. Alla base c'è anche una rivoluzione, sul piano tattico e filosofico, per comprendere la quale è fondamentale compiere un passo indietro.

Uno stile diverso

Come risaputo, gli inglesi inventano il calcio moderno, codificandolo man mano secondo una serie di regole, dalle dimensioni del campo a quelle delle porte, dalla demarcazione delle linee alla figura dell'arbitro, e via di questo passo. Il modo di giocare all'inizio si basa sul concetto del *dribbling game*, conseguenza della norma del fuorigioco che vieta il passaggio in avanti a un compagno, principio quest'ultimo mutuato dal "cugino" rugby: potendo passare la palla solo indietro, l'unica maniera che un giocatore ha di avvicinarsi all'area avversaria è dribblare. Anche la disposizione in campo, logicamente, è figlia di questa interpretazione: per evitare di terminare in *offside*, i giocatori partono tutti in linea, tranne uno o due che restano più staccati e fungono da ultimi baluardi. Ma il calcio non può vivere di solo dribbling. Così, nel giro di pochissimo tempo, viene percorsa un'altra strada, che predilige il coinvolgimento di più elementi nello sviluppo dell'azione rispetto all'iniziativa personale: nasce il *passing game*.

Una piccola, ma significativa, rivoluzione che convince la Football Association, nel 1866, a modificare la regola del fuorigioco, rispolverando una vecchia usanza studentesca dei college: d'ora in avanti è *offside* quando chi riceve la palla ha tra sé e la porta meno di tre avversari. Sono gli scozzesi a capire per primi che, per meglio utilizzare il *passing game* e rispondere alle esigenze dettate dalla nuova norma, è opportuno cambiare lo schema tattico e spalmare più uomini su tutta la lunghezza del campo: arretrandone un paio dalla linea offensiva, creano una sorta di 2-2-6. Ed è proprio con questo schieramento che si presentano alla prima partita internazionale della storia, nel 1872, contro l'Inghilterra. Finisce 0-0 e, per la cronaca, gli inglesi si dispongono ancora con l'1-1-8 degli esordi.

Ma il seme dell'evoluzione tattica è gettato e anche loro sono presto costretti ad adeguarsi. Tra la fine degli anni '70 e l'inizio degli anni '80, viene ideato all'università di Cambridge un nuovo sistema: il 2-3-5. La genesi è semplice: dalla linea dei sei attaccanti, ne viene fatto retrocedere uno, destinato a occupare la posizione centrale in mezzo agli altri due. Nasce il ruolo del centromediano, il fulcro dell'intera squadra, il cui compito è duplice: marcare il centravanti avversario e organizzare la manovra. Il 2-3-5 è detto anche Piramide di Cambridge: "Piramide", perché è questa la figura che i giocatori ricordano nella disposizione in campo; "di Cambridge", ovviamente, dal luogo in cui l'idea vede la luce.

Quando gli inglesi esportano il calcio nel resto del mondo, sono proprio gli anni in cui il 2-3-5 ha oramai soppiantato qualsiasi soluzione precedente. Arriva anche in Sudamerica e al principio viene pedissequamente copiato e assorbito, come una lezione da imparare a memoria, magari senza pure capirci un granché. Tutto quello che è inglese è bibbia: lo spagnolo viene bandito dalle riunioni ufficiali di diverse federazioni sudamericane e in Uruguay le partite possono giocarsi solo di sabato perché così si fa in Inghilterra.

Man mano però che il calcio mette radici, esce dagli alti palazzi e si insinua nei vicoli e nelle periferie, la situazione cambia. A Buenos Aires e Montevideo inizia a formarsi un nuovo modo di giocare, che non guarda più alla fisicità e alla rigida compostezza degli inglesi, ma alla fantasia e all'imprevedibilità degli immigrati spagnoli e italiani, mescolata con l'atletismo e l'armonia nei gesti dei ragazzi di colore, il tutto permeato dai movimenti di balli tipici come il già citato candombe, il tango, la milonga. «Una maniera particolare di giocare al calcio si stava imponendo» scrive Galeano «proprio mentre un ballo particolare si affermava nei patii dei milongueros. I ballerini disegnavano filigrane, avvinghiandosi su una sola mattonella, e i calciatori inventavano un loro linguaggio nel minuscolo spazio nel quale la palla non era calciata, ma trattenuta e posseduta, come se i piedi fossero mani che intrecciavano il cuoio. E nei piedi dei primi virtuosi creoli nacque il toque: la palla suonava come fosse una chitarra, fonte di musica».

La tecnica, l'abilità con i piedi e i virtuosismi diventano così la base su cui costruire ogni aspetto del gioco. I rioplatensi che vivono a Buenos Aires e Montevideo sono i primi al mondo a capire che l'aspetto fondamentale per formare un grande calciatore è rappresentato innanzitutto da cosa è in grado di fare con un pallone tra i piedi. Si può affermare dunque che il calcio come fonte di arte, di spettacolo, di divertimento, il calcio offensivo e di talento, il "bel gioco" che tanto piace alle masse, fa vendere biglietti ed è il sogno di quasi tutti gli allenatori, sia nato sul Rio de La Plata.

Ma una rivoluzione non è tale se rimane solo a livello filosofico. Ha bisogno di trovare il vestito giusto per passare dalla teoria alla pratica. E quel vestito è il Metodo (o modulo a WW). Il 2-3-5 inglese non è ritenuto abbastanza funzionale: il sovraffollamento in attacco intasa le linee di passaggio, inaridisce la creatività, riempie gli spazi dove invece bisogna far sgorgare, alla massima potenza, la fantasia. C'è bisogno di aria nuova. I rioplatensi hanno un'intuizione: arretrare dalla linea dei 5 attaccanti due uomini, che hanno il compito non solo di inserirsi in zona gol, ma anche di raffinare la manovra, muoversi seguendo le coordinate del proprio istinto, liberare il genio senza alcuna limitazione. Questi due giocatori sono noti come "mezzali". Indossano la maglia numero 8 e la numero 10. Con il tempo, l'8 si trasformerà più in un uomo di raccordo con il centrocampo, mentre il 10, dopo l'avvento di Pelè, diventerà la maglia più ambita e sognata dai bambini, l'elemento di classe superiore, che fa innamorare gli esteti e regala emozioni agli appassionati. Diventerà il numero del calcio.

Il nuovo sistema di gioco - un 2-3-2-3 - consente dunque di schierare un numero adeguato di giocatori in ogni zona del campo e trovare un equilibrio invidiabile tra i reparti. Calzando questo vestito - a cui arriveranno anche gli europei, attraverso una strada diversa - e innaffiandolo con i tratti tipici del loro modo di essere, gli uruguaiani riescono così a creare una scuola che da lì a pochi anni avrebbe incantato il mondo, come mai nessuno era riuscito a fare fino ad allora.

Una rivalità simbolo del Paese

Tra la fine dell'800 e l'inizio del '900, Montevideo si trasforma nella culla del calcio. Una città di 260mila abitanti che si innamora perdutamente di quel gioco portato dagli inglesi e che poi gli uruguaiani hanno saputo trasformare secondo i propri canoni e i propri gusti. È un amore cieco e passionale, che non si può né controllare né prevedere: entra nei vicoli, nelle case, nei cuori della gente. Tra i brulli campetti di periferia nascono talenti straordinari, capaci con il pallone di virtuosismi tecnici inauditi. Man mano che il calcio cresce, bisogna codificarlo, dargli delle regole. Nel 1900 vengono creati prima la federazione e poi il campionato. E fin dalle prime edizioni a dominare la scena sono due squadre, divise da una profonda rivalità che trascende l'ambito sportivo e sconfina nella vita di tutti i giorni: il Peñarol e il Nacional.

Il Peñarol, colori sociali giallo e nero, è la prima a vedere la luce, nel 1891. In realtà all'inizio si chiama CURCC, che è l'acronimo di Central Uruguay Railway Cricket Club. È la formazione degli operai e degli impiegati inglesi della ferrovia. Nel 1913 assume la denominazione attuale in omaggio alla città di Pinerolo - da dove proviene Giovanni Battista Crosa, uno dei soci fondatori - e diventa la squadra emblema del ceto popolare. Nel 2009 l'Iffhs - l'Istituto Mondiale di Storia e Statistica - incorona il Peñarol come il club sudamericano del XX secolo: nel suo palmares a oggi figurano ben 50 titoli nazionali e 5 Coppe

Libertadores. Il periodo più glorioso è probabilmente quello dei primi anni '60, quando la squadra si laurea tre volte campione del Sudamerica (1960, 1961 e 1966), perdendo altre due finali contro il Santos di Pelè (1962) e contro l'Independiente (1965) e vincendo due Coppe Intercontinentali.

Non meno gloriosa è la vicenda del Nacional, nato nel 1899 e il cui nome dice già tutto: è l'espressione dell'orgoglio nazionale creolo. I fondatori rifiutano qualsiasi legame con l'Inghilterra e vogliono in rosa solo giocatori autoctoni. Con il tempo il Nacional, colori sociali bianco, rosso e blu, diventa il simbolo del ceto abbiente di Montevideo. Al momento vanta 45 titoli nazionali e 3 Coppe Libertadores. L'epoca di maggior successo è probabilmente tra gli anni '10 e '20 del '900: dal 1915 al 1924 i *Tricolores* conquistano 8 titoli nazionali mettendo in mostra una serie di campioni di levatura internazionale senza eguali al mondo. L'apice di quel periodo è la "Gira de 1925", una tournée che la squadra effettua in giro per l'Europa e che regala numerose soddisfazioni.

Ma i risultati sul campo, per quanto straordinari, non bastano a spiegare come mai queste due super potenze siano penetrate così in profondità nella mente e nel cuore degli uruguaiani. C'è molto di più. Ci sono storie che vanno al di là del denaro e della fredda statistica. Storie struggenti, cariche di amore e melanconia, capaci di smuovere le coscienze fino ad arrivare nei meandri più intimi dell'animo umano. Storie come quella di Abdon Porte.

Si può morire, per amore

Parque Central di Montevideo, 5 marzo 1918. Alle prime luci dell'alba il custode dello stadio del Nacional effettua il classico giro di campo. Lo fa ogni giorno. Pulisce le linee laterali, controlla le porte, tiene in ordine il terreno di gioco. Ma quando arriva a centrocampo ha un sussulto. Per terra, riverso in un lago di sangue, c'è Abdon Porte. Che non è solo il carismatico centromediano e il cuore pulsante della manovra dei *Tricolores*. Ma un vero portabandiera dello stile Nacional, un'icona, un punto di riferimento imprescindibile per i tifosi. Accanto al suo corpo senza vita, il custode rinviene una rivoltella e due lettere: una è indirizzata alla madre, l'altra al presidente della società, Josè Maria Delgado. Chiede perdono e aggiunge di voler essere seppellito nel cimitero "Cementerio de la Teja", accanto ai suoi due grandi idoli, i fratelli Bolivar e Carlitos Cespedes, morti di vaiolo nel 1905. Ma oltre alla richiesta - che sarà esaudita - nella lettera Abdon Porte lascia anche una sorta di poesia: «Nacional anche quando sarò polvere. E anche in polvere sempre amante. Non dimenticare mai un istante quanto io ti abbia amato. Addio per sempre».

Un gesto estremo, figlio secondo alcuni di una depressione latente, che ai tempi non era naturalmente facile da diagnosticare. Un gesto che qualcuno potrebbe bollare come pura follia e qualcun altro definire come incontrollabile atto d'amore. Ma di sicuro un gesto che va compreso e non giudicato. Abdon Porte è un uomo figlio del suo tempo. Il Nacional per lui non è solo una squadra di calcio. È la sua casa. Arriva a Montevideo da Libertad quando è poco più di un bambino. Gioca con i *Tricolores* da quando ha 18 anni. All'inizio è uno dei tanti ragazzini giunti dalla periferia. Ma ben presto il giovane - che i compagni soprannominano "El Indio" per via dei tratti somatici - lascia il posto all'uomo. Carisma, visione di gioco, forza fisica, energia e dedizione totale alla causa lo trasformano nel *lider maximo* di una squadra che conquista quattro scudetti in sei stagioni.

Viene chiamato anche in nazionale, vince la Coppa America del 1917, ma non è mai schierato dal ct Ramon Platero. Però ad Abdon Porte importa relativamente: lui vive per il Nacional. Ama quei colori, quella maglia, quei tifosi e quello stadio in un modo unico, pieno e sconfinato. Per questo, quando subentrano i primi segni di un cedimento fisico che lo portano a calare di rendimento, non riesce a darsi pace. Per questo, quando i dirigenti, a malincuore, gli comunicano che dalla stagione seguente sarebbe finito nella squadra riserve, lui perde totalmente la ragione e decide che è il momento di farla finita.

Ma Abdon Porte, in realtà, non è morto e non morirà mai: il Nacional gli intitola una curva dello stadio, i tifosi gli dedicano canzoni, gli appassionati ricordano le sue imprese. Rimane un uomo figlio del suo tempo, sì, ma con una vicenda personale capace di attraversare le epoche. Un uomo che è lo specchio di un calcio puro e romantico, di un mondo disincantato e basato su sentimenti forti, distante galassie dallo show-business di oggi, dove a contare sembrano oramai solo soldi e fatturati, dove non ci sono più bandiere, dove commuoversi pare quasi un peccato.

El Maestro, il padre della Generacion Dorada

Se Abdon Porte è la figura più affascinante e struggente dell'Uruguay dei primi due decenni del '900, il giocatore più bravo è un altro. Si chiama Josè Piendibene. Ma tutti in Uruguay lo ricordano soprattutto con il soprannome: El Maestro. Un appellativo che dice già tutto: grazie a lui il calcio uruguaiano assume piena consapevolezza di sé e del proprio stile, entrando definitivamente nel gotha mondiale e aprendosi la strada per l'incontrastato dominio del decennio 1920-1930. Piendibene rappresenta un po' - ma probabilmente in modo ancora più marcato - quello che per l'Italia è Adolfo Baloncieri. Ovvero, il campione di caratura superiore capace di far decollare un intero Paese dal punto di vista calcistico. Toccherà poi al suo erede, Hector Scarone, completare il percorso e guidare l'Uruguay sul tetto del mondo, come da noi farà Giuseppe Meazza. Ma né Scarone né Meazza - i due più grandi calciatori dell'anteguerra insieme al portiere spagnolo Zamora - sarebbero stati tali se non avessero avuto alle spalle Piendibene e Baloncieri. E non è che nelle epoche successive sia poi tanto diverso. Prendiamo Lionel Messi. Sarebbe diventato veramente Lionel Messi, se a indicargli la strada dell'arte e l'idea del divertimento, non ci fosse stato nel Barcellona, prima di lui, un fuoriclasse di nome Ronaldinho? Nel calcio, niente si crea davvero e niente si distrugge davvero: è tutta una questione di processi a catena, di legami, di fili connessi l'uno con l'altro. E questo vale sia nella rappresentazione degli stili delle diverse scuole e filosofie di gioco, sia nella definizione delle caratteristiche e dei valori dei giocatori.

Piendibene, quindi, è una sorta di "padre" del *futbol* uruguaiano. Nei suoi anni d'oro, è talmente forte che persino gli acerrimi rivali argentini si inchinano alla sua classe e applaudono alle sue giocate: il giornale di Buenos Aires El Grafico nel 1922 lo definisce il miglior giocatore del pianeta. Nato a Pocitos - quartiere di Montevideo dove si giocherà Francia-Messico, prima partita dei Mondiali - ultimo di otto figli, fin da piccolo mette in mostra una tecnica di base e un'affinità con la palla senza precedenti. Il Peñarol lo adocchia quando ancora è un bambino. È amore a prima vista. El Maestro nella sua carriera vestirà solo la maglia dei *Carboneros*: 20 anni, 506 presenze, 253 reti, 5 scudetti. Quando debutta in prima squadra a 17 anni, in un'amichevole contro la

Francia, infila subito una doppietta. Gioca all'ala destra, ma bastano poche partite per far capire all'allenatore Juan Harley che uno con quel talento va messo al centro. Piendibene, però, non si limita a fare il centravanti, finalizzando le azioni dei compagni. La sua visione periferica del gioco, la sua intelligenza innata, le sue doti di superbo uomo assist lo portano ad arretrare quasi sulla linea di centrocampo, favorendo gli inserimenti delle mezzali e delle ali. È una rivoluzione a cui nessuno è abituato. Gli avversari, quando se lo trovano di fronte, non sanno se marcarlo con un difensore o un mediano. Perché Piendibene sfugge a ogni regola: appare e scompare sul pentagramma offensivo seguendo solamente le coordinate del suo genio. Un momento è in attacco, pronto a battere a rete con un tiro infallibile dalla media e corta distanza. Un momento dopo è sulla trequarti, intento a raffinare l'intera manovra collettiva. Anni più tardi, per definire il suo modo di giocare, si sarebbe parlato di "centravanti arretrato". È lui il precursore di quel particolare ruolo che sta a metà tra una mezzala e un attaccante. Prima di Matthias Sindelar, di Adolfo Pedernera, di Nandor Hidegkuti, di Alfredo Di Stefano. Prima di chiunque altro. Piendibene non è così solo un maestro e un padre del calcio uruguaiano, ma anche di quello mondiale.

Un maestro e un padre che naturalmente lascia orme indelebili in nazionale: debutta con la Celeste a 19 anni, nel 1909. Disputa 40 incontri e realizza 20 reti, di cui 17 all'Argentina, sua "vittima" preferita. Vince tre Coppe America, ma nel 1923, un anno prima della spedizione olimpica in Europa, decide di dire basta. Ha già 33 anni e quella decisione suona davvero come un passaggio di consegne. Come a dire: io ho seminato il terreno, adesso tocca ad altri raccogliere i frutti. Saranno i frutti più saporiti e succosi che il calcio uruguaiano riuscirà mai ad assaggiare.

Una Coppa Celeste

Argentini e uruguaiani sono rivali in tutto. Soprattutto nel calcio. Hanno un'idea diversa di intenderlo e anche di giocarlo. Per dirla alla Gianni Brera, gli argentini sono più cicale, gli uruguaiani più formiche. I primi vogliono la palla sempre tra i piedi, cercano la giocata anche quando non è strettamente necessaria, considerano l'estetica un aspetto fondamentale del *futbol* non meno del risultato. I secondi, invece, sono i più accaniti sostenitori dell'essenza. Anche per gli uruguaiani, il "bello" è importante, ci mancherebbe, altrimenti non avrebbero mai potuto sfornare campioni del calibro di Piendibene, Scarone, Andrade, Schiaffino, Rocha, Cubilla e Francescoli. Ma il "bello" deve sempre essere finalizzato a qualcosa di pratico, al gol piuttosto che alla vittoria. La giocata in sé è inutile se non ha una valenza concreta. I brasiliani rappresentano un ulteriore caso a parte: il loro calcio nasce dal samba, dal divertimento, dal carnevale e dalle spiagge di Rio, e sono quindi ancora più esteti degli argentini. Forse è per questo che nei primi 50 anni del '900 vincono pochissimo. Quando poi - grazie agli insegnamenti tattici di un allenatore di origine italiana, Vicente Feola, e di un ebreo-ungherese-zingaro-giramondo, Bela Guttmann, - riusciranno a unire l'utile al dilettevole, inizieranno a vincere come nessun altro. Ma questa è un'altra storia.

Dicevamo: argentini e uruguaiani sono rivali in tutto. Però sono d'accordo su un aspetto: per far progredire il livello del calcio sudamericano è fondamentale unire le forze e non disperderle. A quel tempo i vari Paesi del continente erano divisi da liti e rivalità, chiusi in se stessi e incapaci di guardare fuori dai propri confini. Il presidente della federcalcio argentina, Adolfo Orma, e quello uruguaiano, Hector Rivadavia Gomez, decidono di accantonare dissidi e diverbi e spingono per la creazione di una federazione sovranazionale: nasce così, nel 1916, la *Confederacion Sudamericana de Futbol*, sintetizzata in CSF o CONMEBOL. All'inizio le nazioni che aderiscono sono quattro: Brasile, Cile e, ovviamente, Argentina e Uruguay. Un passo alla volta, entreranno tutte. L'obiettivo vero, però, è un altro: permettere a queste squadre di affrontarsi in una competizione di respiro continentale, in modo da stabilire ogni anno la regina del Sudamerica. Ecco così che nasce la Coppa America, la più antica manifestazione per nazionali al mondo, che in principio si chiama Campionato Sudamericano. La prima edizione si gioca in Argentina e vede al via le quattro formazioni che fanno parte della CSF. Si impone l'Uruguay, trascinato da un attacco sensazionale, dove oltre ai noti Piendibene e Gradin brilla la stella di Angel Romano, che ancora oggi vanta il primato di coppe vinte: ben sei. Alla squadra campione non viene però assegnato alcun trofeo. Semplicemente perché non esiste. L'anno seguente, così, una gioielleria di Buenos Aires fabbrica una coppa in argento - con una base di legno dove è possibile inserire i nomi dei vincitori - del valore di 3mila franchi svizzeri. Da allora non è mai cambiata.

L'Uruguay conquista anche la seconda edizione, in casa. Vince tutte e tre le partite, confermando di aver raggiunto un livello tecnico e tattico superiore a chiunque altro. Ma più che il risultato in sé, a rimanere scolpita è una data: 30 settembre 1917. Quel giorno, allo stadio Parque Pereira di Montevideo, davanti a 22mila spettatori, debutta in nazionale a nemmeno 19 anni un ragazzino destinato a scrivere le pagine più sensazionali nella storia della Celeste. Si chiama Hector Scarone. Ha un talento sconfinato, una personalità notevole, una completezza di repertorio che non ha paragoni. Per fargli spazio, il ct Ramon Platero accantona addirittura Isabelino Gradin, che l'anno prima era stato votato miglior giocatore della coppa. La scelta darà subito gli esiti sperati: alla seconda partita, contro il Brasile, Scarone va già in gol. E nella terza, quella decisiva con l'Argentina, è sempre lui a realizzare il punto della vittoria. Per i vecchi calciofili di Montevideo, che trascorrono le giornate tra i vicoli della Ciudad Vieja, sorseggiando bicchieri di vino rosso e mate nei numerosi caffè del centro oppure restando ore seduti sulle panchine della meravigliosa Rambla, a rivangare storie e aneddoti del tempo che fu, Hector Scarone è ancora oggi il massimo.

Ma se l'Uruguay domina in modo così netto e inequivocabile, il merito non può naturalmente essere di un giocatore solo, per quanto bravo. C'è bisogno di un contorno adeguato e la Celeste dei primi anni del secolo produce una quantità di campioni da fare spavento. Nessuno ha il posto garantito, nemmeno Scarone: nel 1920, in Cile, anno che segna il terzo trionfo in Coppa America, la giovane stella del Nacional non viene nemmeno convocata.

Ci sarà, però, nel 1923, nella quarta affermazione della nazionale uruguaiana, in quella che non può essere considerata un'edizione come le altre, ma che funge da *trait d'union* di un dominio che si propaga dal Sudamerica all'Europa e, di conseguenza, al mondo. Il presidente della federcalcio, Atilio Narancio, intuendo le potenzialità straordinarie di un gruppo che sta regalando spettacoli in serie in tutto il continente, promette ai suoi giocatori che in caso di nuovo successo in Coppa America li porterà a disputare le Olimpiadi del 1924 a Parigi.

L'Uruguay, che nel frattempo sta facendo crescere una nuova generazione di stelle (oltre a Scarone, ci sono il portiere Mazali, il terzino Nasazzi, i mediani Andrade e Vidal, l'interno Cea, il centravanti Petrone), non spreca l'occasione. Conquista tre successi, battendo 2-0 il Paraguay, 2-1 il Brasile e 2-0 l'Argentina, e guadagna la strada per Parigi. Molti storcono il naso, pensando che in un continente diverso, in un luogo così lontano, nuovo e misterioso, quella squadra abituata ai cadenzati ritmi sudamericani, possa perdersi. Invece, sarà un trionfo, al termine di una delle più impressionanti prove di forza che la storia del calcio ricordi.

Pepe Mujica, Presidente dell'Uruguay dal 2010 al 2015, un politico rivoluzionario e molto amato dai suoi connazionali

Abdon Porte

Isabelino Gradin

Un primo piano
di Josè Piendibene

José Piendibene in azione

Juan Antonio Lavalleja

William Leslie Poole

PARTE SECONDA

VIIIe OLYMPIADE
JEVX OLYMPIQVES
PARIS 1924

L'ORO DI PARIGI

Dilettanti, ma non allo sbaraglio

Suona strano, oggi, parlare di Olimpiadi come evento più importante anche nel calcio. Nei tempi moderni i Giochi sono diventati quasi un inutile orpello nel mondo del pallone, tanto che da parecchi decenni la competizione a cinque cerchi è aperta solo ad atleti sotto una certa soglia di età, la maggior parte delle volte poco conosciuti e non ancora affermatisi ai più alti livelli internazionali.

C'è stata un'epoca, però, prima che la Fifa decidesse di creare un Mondiale ad hoc, prima che il professionismo entrasse a gamba tesa sull'universo pallonaro, in cui le Olimpiadi erano davvero il massimo anche per un calciatore, e non solo per un nuotatore o un mezzofondista.

Il calcio entra nel programma olimpico a Parigi 1900. Si presentano tre squadre, che non sono delle nazionali, ma una sorta di rappresentative: il Club Français per la Francia, l'Upton Park per il Regno Unito e una selezione di studenti dell'Università di Bruxelles per il Belgio. Il successo va ai francesi. Stessa musica a St Louis 1904, dove al via ci sono due formazioni americane e una canadese, e ai Giochi intermedi di Atene 1906, dove partecipano tre compagini greche e una di Copenaghen. Un inizio un po' misero, che porta il Cio a cambiare le carte in tavola, a partire dall'edizione successiva, e stabilire delle regole precise: d'ora in avanti, per rappresentare il proprio Paese, sono ammesse solo le nazionali. Il numero delle partecipanti comincia ad aumentare, come pure l'interesse della gente e degli addetti ai lavori: a Londra

1908 si presentano in sei e a Stoccolma 1912 addirittura in 11. Arrivano tutte dall'Europa. Occorre aspettare la fine della Prima Guerra Mondiale, per vedere all'opera la prima squadra extra-europea. Si tratta dell'Egitto, che scende in campo - con poca fortuna, battuto dall'Italia 2-1 nel primo turno - ad Anversa 1920. I tempi per aprirsi al Sudamerica sono oramai maturi e così, in occasione dell'edizione di Parigi del 1924, il Cio rompe gli indugi e invita l'Uruguay.

Nel Paese l'attesa è spasmodica: nessun altro è mai uscito dal Sudamerica per misurarsi con il calcio europeo. Ma la trasferta comporta un esborso economico ingentissimo. Il presidente della federcalcio, Narancio, è però un uomo deciso, oltre che di parola, e arriva addirittura a ipotecare la casa per pagare le spese di viaggio da Montevideo a Vigo. Viaggio che, naturalmente, non ha nulla a che vedere con il lusso e il comfort a cui sono abituati i viziatissimi e coccolatissimi protagonisti del calcio contemporaneo. Pur essendo i più forti giocatori del Sudamerica, gli uruguaiani si ritrovano in mano un biglietto di terza classe e arrivano in Spagna, via nave, dopo una traversata estenuante, dormendo in cuccette strettissime e mangiando cibo scadente. Sono ragazzi di 20 anni o poco più, che scoprono il mondo per la prima volta. In tasca non hanno un centesimo, ma il cuore trabocca di sogni e speranze. Cercano la gloria sportiva e quel po' di benessere che in patria non possono o non riescono a soddisfare. Per loro il gioco del calcio è evasione, felicità, divertimento. Sono tutti dilettanti e svolgono lavori umili e a volte pure massacranti: il capitano Josè Nasazzi taglia lastre di marmo. Pedro Arispe è un operaio della carne. Pedro Cea trasporta ghiaccio. Pedro Petrone è un verduriere. Hector Scarone un postino. José Leandro Andrade un lustrascarpe. Quando si fanno male, non hanno di certo a disposizione stuoli di medici e schiere di farmaci di prima qualità. Si curano le ferite con impacchi di acqua e sale. Un infortunio grave comporta mesi di terapie a base di massaggi, oli e unguenti ritenuti miracolosi, ma che in realtà sono il più delle volte semplici erbe lenitive. Quando arrivano in Spagna, non hanno per nulla l'aspetto dei calciatori. Piuttosto, sembrano giovani in fuga da qualche guerra o da qualche carestia. Sono stanchi e affamati. Indossano vestiti vecchi e scarpe consumate. Dai loro visi traspaiono incertezza e insicurezza nei confronti di una terra dove non sono mai stati. Ma sono spinti anche da una fede incrollabile nel dio del pallone e da un entusiasmo contagioso. La gente li guarda con curiosità e sospetto. Una volta che si levano gli abiti civili e si infilano le maglie da gioco, tutte le paure, d'incanto, svaniscono. Sono obbligati a scendere in campo: non hanno soldi e devono organizzare delle partite contro squadre locali per racimolare il denaro necessario e trasferirsi a Parigi.

Una città dal fascino unico

La Parigi di quegli anni non è un luogo come gli altri. È lo specchio di un mondo in forte espansione dopo gli orrori e le privazioni della Grande Guerra. Un mondo nel quale la politica trova un nuovo equilibrio mondiale e nel quale l'Occidente scopre per la prima volta il fenomeno del consumismo. Il benessere tocca fasce più ampie della popolazione e le invenzioni tecnologiche, come ad esempio la radio, ottengono in pochi anni una diffusione capillare, entrando a far parte della vita quotidiana delle persone. Nasce, anche e soprattutto, un modo diverso di concepire la femminilità: le donne, desiderose di dimenticare gli anni bui della guerra, fanno sfoggio della propria bellezza in pubblico senza più pudore. Diventano donne nel vero senso della parola. Sono libere, frizzanti, vitali. Ballano, cantano e si divertono. È una rivoluzione economica, culturale e sociale che passa alla storia sotto il nome di "Anni Ruggenti" e muove i primi passi negli Stati Uniti, Paese vincitore del primo conflitto mondiale e trasformatosi nella nuova potenza di riferimento su scala internazionale.

Ma in brevissimo tempo quei cambiamenti arrivano anche nella vecchia Europa. Soprattutto a Parigi. La capitale francese riscopre il clima gioioso e carico di euforia della Belle Epoque. In pochi anni si trasforma nel polo culturale, filosofico, artistico, letterario di un intero continente. È una città cosmopolita, che pullula di vita: caffè, ristoranti, teatri, gallerie d'arte richiamano intellettuali da ogni angolo d'Europa. Parigi diventa la meta dei più grandi pensatori del pianeta: scrittori come Ernest Hemingway, Scott Fitzgerald, Gertrude Stein, pittori come Pablo Picasso, Henri Matisse, Salvador Dalì, Amedeo Modigliani, registi come Luis Bunuel e Abel Gance, compositori come Cole Porter. E solo per citarne alcuni. La Ville Lumière è un incandescente laboratorio di idee e di progetti, di sogni e di speranze, di provocanti avanguardie e radicali trasformazioni in ogni campo del sapere umano, dalla scienza alla letteratura.

«La modernità abita ovunque qui» dice Giorgio De Chirico, uno dei tantissimi artisti che popolano in quegli anni la capitale francese. «La si ritrova ad ogni angolo di strada, accoppiata a ciò che era un tempo, pregna di ciò che sarà. Come Atene ai tempi di Pericle, oggi Parigi è la città dell'arte e dell'intelletto per eccellenza».

Da Nurmi a Liddell: un'edizione indimenticabile

I Giochi del 1924 riflettono in pieno questo spirito, diventando un'edizione memorabile in termini di imprese sportive e storie da tramandare alle generazioni future. Il protagonista assoluto è un mezzofondista finlandese di 27 anni, che parla fluentemente il latino - e infatti Gianni Brera lo intervisterà per la Gazzetta dello Sport utilizzando proprio la lingua di Cicerone, in un articolo rimasto celebre. Si chiama Paavo Nurmi. È un tipo solitario e riservato, ma quando corre non dà scampo a nessuno: maniaco degli allenamenti, tiene ritmi impressionanti per tutta la gara e se è in giornata - quasi sempre, a dire il vero - non c'è avversario che riesca a stargli dietro. Quattro anni prima, ad Anversa, ha conquistato tre ori, ma la sua stella è stata un po' offuscata dall'italiano Nedo Nadi, che nella scherma ne ha arpionati ben cinque. A Parigi '24, però, Nurmi diventa il re, consacrandosi come uno dei più grandi atleti di tutti i tempi. Dapprima, ottiene due successi nella corsa campestre, sia a livello individuale sia di squadra poi, il 10 luglio, realizza il capolavoro massimo della sua carriera: a distanza di un'ora e mezza, conquista i 5mila e i 1500 metri, sbriciolando entrambi i record olimpici. Un cammino trionfale che si conclude con l'oro sui 3mila, il quinto di un'Olimpiade indimenticabile.

Come indimenticabili sono anche le prestazione del nuotatore americano Jonny Weissmuller, che si rivela agli occhi del mondo catturando tre vittorie, nei 100 e 400 stile libero e nella staffetta 4x200. Ad Amsterdam 1928 porterà il suo bottino a cinque ori olimpici. Dall'anno seguente cambierà poi vita, firmando un contratto con la Metro-Goldwyn-Mayer e diventando un attore di successo mondiale, recitando in numerosi film nei panni di Tarzan.

A proposito di film: chi non ha mai sentito parlare di "Chariots of Fire", tradotto in italiano con "Momenti di Gloria"? La pellicola è del 1981, prodotta da Hugh Hudson e ripercorre - in modo a volte un po' romanzato - la straordinaria vicenda di due velocisti britannici, Harold Abrahams ed Eric Liddell, che gareggiano proprio a Parigi '24. Non è un'opera qualunque: riceve sette nomination agli Oscar e ne vince quattro, tra cui quello come miglior film. È una storia stupenda di amicizia e buoni sentimenti, che va al di là del semplice lato sportivo. I due sono i migliori sprinter del mondo. Sono amici, ma anche profondamente diversi: Eric, scozzese, è un fervente cristiano ed è un tipo schivo e riservato; Harold, figlio di una ricca famiglia ebraica, al contrario è spavaldo e guascone. Quando Eric scopre che la finale dei 100 metri, la sua gara preferita, si disputa la domenica, rinuncia, perché la domenica è il giorno del Signore. Lascia in questo modo la strada spianata al rivale, che conquista così l'oro in relativa scioltezza proprio davanti ai suoi occhi. Eric cerca di rifarsi sui 200, ma viene battuto dagli americani Scholz e Paddock. Il sogno di vincere l'oro olimpico, obiettivo che insegue fin da bambino, sembra svanire. La federazione britannica lo iscrive però anche ai 400: Liddell non ha mai corso su quella distanza e pare una follia farlo adesso, proprio in occasione delle Olimpiadi, proprio nel momento più importante. Decide ugualmente di provarci. I favoriti sono l'americano Horatio Fitch, il britannico Guy Butler e il canadese David Johnson. Liddell però parte fortissimo, come fosse una prova di velocità pura, e riesce a resistere nel rettilineo finale al prevedibile ritorno dei suoi avversari. Non solo vince. Stravince, stabilendo anche il nuovo record del mondo in 47" 6. Anche per lui è arrivato il momento di gloria. Ma la gloria è spesso una gioia effimera. Dura un attimo, come una lacrima nella pioggia, e poi si dissolve. Abbandonato lo sport, Liddell diventa un missionario in Cina e durante la Seconda Guerra Mondiale viene internato dai giapponesi in un campo di prigionia. In virtù del passato da atleta, i suoi aguzzini sono disposti a lasciarlo andare attraverso uno scambio di prigionieri. Ma Eric rifiuta e al suo posto fa liberare una donna incinta. Rimasto in quel luogo di sofferenza indicibile, nel 1945 muore, forse minato anche da un tumore al cervello, ed è poi sepolto nel Mausoleo dei Martiri di Shijiazhuang. Nel 2008 viene votato, dai lettori del quotidiano *The Scotsman*, lo sportivo più amato e popolare nella storia della Scozia.

Da sconosciuti a eroi: il trionfo della Celeste

Ma oltre al nuoto e all'atletica, i Giochi del '24 fanno conoscere al mondo il calcio. Il merito è proprio di quei giovani in maglia Celeste arrivati da tanto lontano, che non hanno mai messo piede fuori dal loro continente e si ritrovano all'improvviso catapultati in un Bengodi che offre qualsiasi ben di dio. Uno, in particolare, intesse con Parigi e con quelle Olimpiadi un legame speciale, che lo segnerà per tutta la vita. Si chiama Josè Leandro Andrade. È un ragazzo di colore, nato poverissimo, e il calcio è per lui una valvola di sfogo per sfuggire alle pieghe di un'esistenza travagliata. Ma il *futbol* non è la sua unica passione. Andrade adora la musica. Come la maggioranza dei figli degli schiavi neri, suona e balla - divinamente - seguendo il ritmo del candombe. Con la capitale francese è amore a prima vista: non appena si intrufola, la notte, nel quartiere di Pigalle, il suo cuore inizia a battere all'impazzata per l'emozione. Ogni angolo è pervaso da una serie di melodie incantevoli, i giovani ballano e fanno festa, lasciandosi trasportare dai piaceri della vita senza pensare ad altro. Andrade trova il suo eldorado. E trova anche l'amore. In uno dei tanti locali di Pigalle, incontra la famosa e sensuale cantante Josephine Baker. Tra i due scocca subito la scintilla. Andrade è un donnaiolo: oltre a lei, conquista il cuore di altre ragazze, affascinate da quell'omone di colore, alto, bello, dal portamento fiero e che cambia completamente look. «Divenne un errante bohemien, re dei cabaret» scrive di lui Galeano. «Le scarpe di vernice presero il posto delle calzature sbrindellate che si era portato da Montevideo, e un cappello a cilindro sostituì il suo berrettino consunto. Le cronache dell'epoca salutano l'immagine di quel sovrano delle notti di Pigalle: il passo elastico da ballerino, l'espressione sfacciata, gli occhi socchiusi che osservavano sempre da lontano e uno sguardo assassino; fazzoletti di seta, giacca a righe, guanti bianchi e bastone con impugnatura d'argento».

Ma Andrade non è solo il re delle notti francesi. È anche il re di giorno, negli stadi. Diventa un idolo dei tifosi, che lo soprannominano "La Meraviglia Nera", stregati dalle sue impressionanti evoluzioni, dai suoi dribbling irridenti, dalle sue accelerazioni brucianti. È lui, più di chiunque altro, a trascinare l'Uruguay a un oro olimpico a cui all'inizio non crede nessuno. La nazionale sudamericana viene trascurata, snobbata. Non c'è modo di informarsi sul reale valore della Celeste, sulle imprese che quel manipolo di uomini è stato in grado di compiere in Sudamerica. La televisione non esiste e gli altri mezzi di informazione (radio, giornali) non sono ancora quegli strumenti di diffusione universale che sono oggi. Tutti ritengono gli uruguaiani la classica vittima sacrificale. Tutti si disinteressano di quei ragazzi, pensando che per loro sia già da considerare un successo il solo fatto di partecipare ai Giochi. E per tutti, non si intendono solo giornalisti, tifosi o avversari. Ma anche gli stessi organizzatori: durante la presentazione delle squadre, la bandiera uruguaiana viene issata al rovescio e al posto dell'inno nazionale viene fatta suonare una marcia brasiliana.

L'avversario del primo turno, la Jugoslavia, è ritenuta una delle favorite. Molti scommettono su quanti gol la formazione allenata da Todor Sekulic segnerà a quella di Ernesto Figoli già alla fine del primo tempo. Una convinzione che diventa certezza qualche giorno prima dell'incontro, quando i dirigenti della squadra jugoslava mandano delle spie a seguire l'allenamento dell'Uruguay. I giocatori della Celeste però se ne accorgono e iniziano volutamente a sbagliare gli appoggi più elementari e le conclusioni più semplici. Le spie annotano sui loro taccuini: «Quei poveri ragazzi sudamericani fanno persino tenerezza».

Una volta in campo, però, l'unica a fare tenerezza è la Jugoslavia. Al termine del primo tempo la Celeste è avanti 3-0. Dopo neppure un'ora i gol sono cinque. Al fischio finale il punteggio recita 7-0: Petrone e Cea realizzano una doppietta a testa, Vidal, Scarone e Romano completano il tabellino. È un'autentica lezione di calcio.

Dopo aver scoperchiato il calderone, la nazionale di Figoli non si ferma e negli ottavi distrugge gli Stati Uniti 3-0, con altri due gol di Petrone e uno di Scarone. Ai quarti la sfida appare di nuovo insidiosa: la Celeste è attesa dai padroni di casa della Francia, che schierano in avanti il 25enne Paul Nicolas, considerato il miglior attaccante transalpino dell'anteguerra. Nicolas conferma le proprie doti, bucando la porta di Andres Mazali. Ma l'Uruguay è semplicemente di un altro pianeta e si impone 5-1, con la terza doppietta in tre partite di Petrone, una di Scarone e il sigillo finale di Romano. È un'altra partita straordinaria da parte della nazionale sudamericana: i giocatori si trovano a meraviglia, si passano la palla rasoterra, con una precisione mai vista e tutti - dai difensori agli attaccanti - possiedono una tecnica di base e un senso del gioco che non erano nemmeno pensabili sino a quel momento. Andrade, in particolare, è inarrestabile. È sua l'azione più bella dell'incontro: dopo aver recuperato palla in difesa, accelera e si invola sulla fascia destra, il suo regno. Resiste a un paio di contrasti, semina una serie di avversari, entra in area e poi, da fondo campo, offre al bomber Petrone, appollaiato nell'area piccola, un cioccolatino che è solo da scartare e depositare in rete. È un trionfo. Dopo quella partita, l'Uruguay entra definitivamente nel cuore dei francesi, che sanno appassionarsi e riconoscere il valore delle cose come pochi altri popoli.

Paradossalmente, la partita più difficile per la Celeste è la semifinale contro l'Olanda, una rivale sulla carta non così trascendentale. Gli olandesi vanno in vantaggio nel primo tempo e per un'ora riescono a tenere in scacco i più quotati avversari. È una zampata di Cea a ristabilire il pari a metà del secondo tempo, prima che un dubbio rigore di Scarone, a una decina di minuti scarsi dal termine, consegni la finalissima ai sudamericani. Finalissima che non ha storia: la Svizzera viene letteralmente travolta, molto più di quanto non dica il 3-0 conclusivo. Nel tabellino dei marcatori finiscono il solito Petrone, Cea e Romano.

Il dominio della Celeste è evidente sotto ogni punto di vista. A partire dai numeri: 20 gol realizzati in 5 partite (media di 4 a gara) e solo due subiti; miglior giocatore (Andrade) e capo-cannoniere (Petrone, con 7 reti). Statistiche a parte, però, quello che impressiona è la qualità del gioco. Gli europei, abituati alla fisicità e alla staticità, concetti mutuati dal football inglese, scoprono che si può giocare a pallone in un altro modo, che è molto più spettacolare e alla fine anche più redditizio. Palla a terra, scambi rapidi, triangolazioni e sovrapposizioni. La tecnica più importante dell'atletismo, il talento come base su cui innestare l'organizzazione di squadra.

Da ogni parte del globo piovono complimenti e applausi e persino gli inglesi sono costretti a chinare la testa e rendersi conto che il calcio migliore non abita più dalle parti di Londra. I più entusiasti sono naturalmente i francesi. «Una rivelazione! È questo il vero football!» sottolinea lo scrittore Henri de Montherland. «Quello che noi conoscevamo, quello che noi giocavamo, paragonato a questo non era altro che un passatempo da studentelli». Gabriel Hanot, futuro direttore de L'Equipe, rincara la dose: «L'Uruguay ha esibito una virtuosità meravigliosa nel ricevere la palla, nel controllarla e poi nell'utilizzarla a proprio piacimento. Ha creato un calcio bellissimo, elegante, ma allo stesso tempo vario, rapido, potente ed efficace. Confrontare questo calcio con quello inglese è come paragonare un purosangue arabo con un cavallo da tiro». Anche gli italiani non rimangono insensibili al *futbol* proposto da capitan Nasazzi e compagni. «Nessuno poteva battere l'Uruguay» è l'opinione di Vittorio Pozzo, tecnico dell'Italia che viene eliminata dalla Svizzera nei quarti di finale. Tra i tanti elogi, spicca quello di un 29enne calciatore spagnolo, che assiste ai Giochi in tribuna. Si chiama Santiago Bernabeu e decenni dopo, quando diventerà il presidente del Real Madrid più vincente di sempre, dirà a un giornalista argentino: «La squadra più forte da me ammirata? L'Uruguay del 1924. Ebbi la fortuna di vederli giocare nel tour spagnolo e poi a Parigi e riuscii a farmi fotografare con loro. Non ho più veduto una formazione capace di unire l'estetica e la concretezza in quel modo».

La Celeste diventa così la prima squadra capace di incantare e dominare in un continente diverso, la prima a cui tutti, europei e sudamericani, rendono omaggio, indicandola come la più forte, senza se e senza ma. Tutti? Beh, proprio tutti no. Gli argentini, ovviamente, non ci stanno. «Voi siete i campioni olimpici, ma avete vinto solo perché noi non c'eravamo» dicono. E per dimostrarlo organizzano a Buenos Aires, non appena gli uruguaiani rientrano in patria, una partita amichevole. L'Albiceleste si impone 2-1 e il gol decisivo, direttamente da calcio d'angolo, lo segna l'ala sinistra Cesar Onzari. Ecco perché il gol da corner si chiama "olimpico". Perché è stato segnato ai detentori del trofeo e perché gli argentini, avendoli battuti, pensano di essere loro i più forti al mondo nonché i vincitori morali dell'oro di Parigi. Bisognerà aspettare altri quattro anni per capire se hanno effettivamente ragione.

I RISULTATI DEI GIOCHI
E I TABELLINI DELLA CELESTE

Primo turno

Stade de Colombes, 26 maggio 1924
Uruguay-Jugoslavia 7-0
Marcatori: pt 20' Vidal, 23' Scarone, 35' Petrone; st 5' Cea, 13' Romano, 16' Petrone, 35' Cea.
Uruguay: Mazali - Nasazzi, Tomassina - Andrade, Vidal, Ghierra - Urdinaran, Scarone, Petrone, Cea, Romano.
Jugoslavia: Vrduka - Vrbancic, Dasovic - Marjanovic, Rupec, Rodin - Babic, Petkovic, Perska, Vinek, Placerijano.
Note: spettatori 3025.

Italia-Spagna 1-0
st 39' autogol Vallana

Cecoslovacchia-Turchia 5-2
pt 21' Sloup (C), 28', 37' Sedlacek (C); st 18', 37' Bekir (T), 19' Novak (C), 29' Capek (C)

Svizzera-Lituania 9-0
pt 2', 43' Sturzenegger, 14' Dietrich, 41' Abegglen; st 5', 13' Abegglen, 18' Ramseyer rig., 23', 40' Sturzenegger

Stati Uniti-Estonia 1-0
pt 15' Stradan rig.

Ungheria-Polonia 5-0
pt 14' Eisenhoffer; st 6', 13' Hirzer, 25', 42' Opata

Ottavi di finale

Stade de Bergeyre, 29 maggio
Uruguay-Stati Uniti 3-0
Marcatori: pt 10', 44' Petrone, 15' Scarone.
Uruguay: Mazali - Nasazzi, Arispe - Andrade, Vidal, Tomassina - Naya, Scarone, Petrone, Cea, Romano.
Stati Uniti: Douglas - Davis, O'Connor - Johnson, Hornberger, Jones - Findlay, Wells, Stradan, Farrell, Dalrymple.
Note: spettatori 10455.

Francia-Lettonia 7-0
pt 17', 28' Crut, 25' Nicolas; st 5' Nicolas, 10' Crut, 26', 42' Boyer

Olanda-Romania 6-0
pt 8' Hurgronje, 32' Pijl; st 7', 21', 23' Pijl, 24' De Natris rig.

Svizzera-Cecoslovacchia 1-1
pt 21' Sloup rig. (C); st 34' Dietrich (S)

Svizzera-Cecoslovacchia 1-0 (ripetizione)
st 42' Pache

Irlanda-Bulgaria 1-0
st 30' Duncan

Italia-Lussemburgo 2-0
pt 20' Baloncieri, 38' Della Valle

Svezia-Belgio 8-1
pt 8', 24' Kock (S), 20' Rydell (S), 30' Brommesson (S); st 1' Kaufeldt (S), 16', 38' Rydell (S), 22' Larnoe (B), 32' Kock (S)

Egitto-Ungheria 3-0
pt 4' Yakan, 40' Hegazi; st 13' Ismail II

Quarti di finale

Stade de Colombes, 1 giugno
Francia-Uruguay 1-5
Marcatori: pt 2', 24' Scarone (U), 12' Nicolas (F); st 13', 23' Petrone (U), 38' Romano (U).
Francia: Chayrigues - Gravier, Domergue - Parachini, Batmale, Bonnardel - Dewaquez, Boyer, Nicolas, Crut, Dubly.
Uruguay: Mazali - Nasazzi, Arispe - Andrade, Zibechi, Ghierra - Naya, Scarone, Petrone, Cea, Romano.
Note: spettatori 30686.

Svezia-Egitto 5-0
pt 5' Kaufeldt, 31', 34' Brommesson; st 4' Rydell, 26' Kaufeldt

Olanda-Irlanda 2-1 dts
pt 7' Formenoy (O), 33' Ghent (I); pts 14' Formenoy (O)

Svizzera-Italia 2-1
st 2' Sturzenegger (S), 7' Della Valle (I), 15' Abegglen (S)

Semifinali

Stade de Colombes, 6 giugno
Uruguay-Olanda 2-1
Marcatori: pt 32' Pijl (O); st 17' Cea (U), 36' Scarone rig. (U).
Uruguay: Mazali - Nasazzi, Arispe - Andrade, Vidal, Ghierra - Urdinaran, Scarone, Petrone, Cea, Romano.
Olanda: Van der Meulen - Denis, Tetzner - Le Fevre, Van Linge, Horsten - Hurgronje, Groosjohan, Pijl, Visser, De Natris.
Note: spettatori 7088.

Svizzera-Svezia 2-1
pt 15' Abegglen (Svi), 41' Kock (Sve); st 32' Abegglen (Svi)

Finale 3°-4° posto

Svezia-Olanda 1-1
pt 44' Kaufeldt (S); st 32' Le Fevre (O)

Svezia-Olanda 3-1 (ripetizione)
pt 34' Rydell (S), 42' Lundquist (S), 43' Formenoy rig. (O); st 32' Rydell (S)

Finale 1°-2° posto

Stade de Colombes, 9 giugno
Uruguay-Svizzera 3-0
Marcatori: pt 9' Petrone; st 20' Cea, 37' Romano.
Uruguay: Mazali - Nasazzi, Arispe - Andrade, Vidal, Ghierra - Urdinaran, Scarone, Petrone, Cea, Romano.
Svizzera: Pulver - Reymond, Ramseyer - Oberhauser, Schmiedlin, Pollitz - Ehrenbolger, Pache, Dietrich, Abegglen, Fassler.
Spettatori: 40522.

L'Uruguay ai Giochi parigini

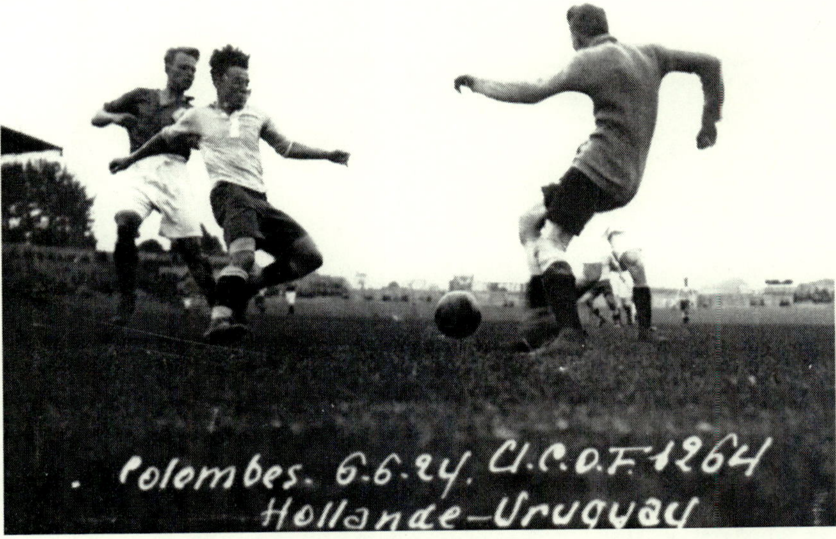

Una fase della semifinale Uruguay-Olanda

I giocatori della Celeste salutati dal pubblico
dopo la conquista della medaglia d'oro

PARTE TERZA

OLYMPISCHE
SPIELE · 1928
AMSTERDAM

L'ORO DI AMSTERDAM

Due nazioni a spartirsi un continente

La rivalità tra Uruguay e Argentina nel quadriennio successivo arriva ai massimi livelli. Il mondo ha oramai scoperto il Rio de La Plata e tutti sono consapevoli che il vero calcio si giochi soprattutto laggiù, tra Buenos Aires e Montevideo. L'Argentina, grande 15 volte l'Uruguay, ha un bacino di giocatori molto più vasto da cui poter attingere e sforna talenti come se piovesse. Per Gianni Brera nessun altro Paese è stato in grado di produrre un numero così elevato di campioni, nemmeno il Brasile. Ogni volta che deve giocare la Coppa America, l'Albiceleste può permettersi il lusso di lasciare a casa elementi che altrove sarebbero titolari indiscutibili. L'Uruguay, invece, continua a investire sullo stesso blocco di giocatori, convinto che l'età dell'oro non sia ancora terminata. Anzi: che il meglio debba ancora venire.

In occasione della Coppa America del 1924, che viene disputata a Montevideo poche settimane dopo la famosa partita del gol olimpico, la sfida a distanza tra le due nazionali rioplatensi si rinnova ancora una volta. L'Uruguay si presenta all'ultima partita con i favori del pronostico, potendo contare su due risultati su tre per laurearsi campione: la Celeste ha infatti sconfitto nei primi due incontri sia il Cile sia il Paraguay. L'Argentina, invece, è stata fermata sullo 0-0 dai paraguayani all'esordio e dunque è costretta a vincere. Secondo le cronache è uno dei match più emozionanti dell'epoca: a capitan Nasazzi e compagni basta il pari, ma ovviamente dopo il gol-beffa di Onzari e i conseguenti sfottò dei rivali, nessuno vuole accontentarsi. Nell'Uruguay manca Scarone, sostituito da Barlocco. Per il resto, gli altri quattro quinti dell'attacco sono gli stessi di Parigi: Urdinaran, Petrone, Cea e Romano. La squadra di casa parte attaccando, le occasioni fioccano in quantità industriale, con l'Argentina che riesce raramente a uscire dalla propria metà campo. È un assedio vero e proprio: l'Uruguay non vuole solo vincere. Vuole umiliare gli avversari. Ma sbatte contro un muro. Un muro che si chiama Americo Tesoriere. Il portiere del Boca Juniors mantiene inviolata la propria porta con una serie di parate straordinarie e l'Argentina riesce così a strappare lo 0-0, chiudendo il torneo - tra l'altro - senza subire reti. È l'Uruguay la squadra campione, ma la festa è tutta per Tesoriere. Il pubblico lo acclama, i giocatori della Celeste lo sollevano e lo portano in trionfo. È davvero un altro calcio. È davvero un calcio con altri valori. L'Uruguay è appena salito per la quinta volta sul trono del continente, eppure gli osanna dei presenti sono per un giocatore della squadra rivale per eccellenza.

Le due nazionali continuano a infiammare la scena anche nei tre anni successivi, preparando il terreno per la sfida olimpica del 1928, a cui anche gli argentini sono intenzionati a partecipare. La Coppa America del 1925 vede la vittoria dell'Argentina (ma l'Uruguay è assente), nel 1926 è di nuovo la Celeste a farla da padrone al termine di un torneo dominato e che vede ai nastri di partenza una nuova nazionale: la Bolivia. L'anno dopo la Coppa torna a tingersi di biancoceleste, con l'Uruguay secondo dopo aver perso 3-2 lo scontro diretto dell'ultima giornata.

Il loro dualismo monopolizza completamente l'intero Sudamerica: agli altri, compreso il Brasile, non restano che le briciole.

È un dualismo che, come abbiamo visto, nasce da lontano, da un modo differente di concepire il calcio e che è accentuato dalla relativa vicinanza delle due città simbolo, Buenos Aires e Montevideo, divise dall'estuario del Rio de La Plata e che - anche se non si guardano direttamente - sanno di essere sempre lì, una contro l'altra, due mondi diversi che non potranno mai attrarsi.

È un dualismo tecnico, perché gli argentini sono consapevoli di avere i mezzi per diventare più forti, anche se gli uruguaiani finora sono stati più vincenti. Ne sono consapevoli perché gente come Ludovico Bidoglio, Roberto Cherro, Manuel Ferreira, Julio Libonatti (emigrato però ancora giovanissimo in Italia, al Torino), Luisito Monti, Raimundo Orsi, Carlos Peucelle, Manuel Seoane, Domingo Tarasconi, Americo Tesoriere - in rigoroso ordine alfabetico e solo per citarne alcuni - è solita nascere in un Paese a distanza di decenni e invece il buon Dio ha consentito a tutto quel talento di sprigionarsi in pochi chilometri e in pochissimi anni.

È un dualismo che va oltre lo sport e condiziona qualsiasi aspetto della vita. Prendiamo Carlos Gardel, ad esempio. Gli argentini dicono sia nato a Tolosa, in Francia, e poi si sia trasferito a Buenos Aires all'età di due anni; per gli uruguaiani, invece, Gardel è di Tacuarembo, città che si trova nel nord del Paese. E questo dubbio sul luogo di nascita del più famoso cantante di tango del pianeta - su cui lo stesso Gardel glissa, per evitare di perdere il consenso di una o dell'altra parte - non fa che alimentare attriti e polemiche. Secondo la leggenda, un giorno il maestro decide di riunire i giocatori delle due squadre nella stessa sala per farli assistere a una sua esibizione. La calma dura poco: a un certo punto Orsi e Andrade alzano la voce e vengono alle mani, l'argentino futuro campione della Juve afferra un violino e lo spacca in testa all'altro. Invenzione o meno, è la fotografia perfetta di una situazione di tensione che si respira praticamente da sempre, da quando il calcio ha messo radici sul Rio de La Plata. Ed è in questo clima che le due nazionali si apprestano a vivere la nuova avventura olimpica.

Da Parigi ad Amsterdam: il cielo è sempre Celeste sopra l'Europa

L'Amsterdam degli anni '20 non è la Parigi degli anni '20. E non è nemmeno la Amsterdam che siamo abituati a conoscere oggi, città libertina e licenziosa per eccellenza. È un posto carico di fascino, questo sì, con i suoi canali, i suoi edifici rinascimentali, le numerose boutique che pullulano di antiquari e artisti. Però è anche un luogo di tradizione, simbolo dell'operosità e della borghesia olandesi, che vuole fortemente i Giochi e riesce a ottenerli dopo due tentativi andati a vuoto. È un'Olimpiade probabilmente meno spettacolare e grandiosa di quella parigina e che non lascia lo stesso segno sulla storia. A Parigi, complice anche un'atmosfera unica intorno all'evento, si è assistito a momenti memorabili. Pure Amsterdam regala importanti pagine di sport, ci mancherebbe, ma prive dello stesso fascino e della stessa carica emotiva. L'aspetto più significativo è forse la cospicua partecipazione femminile, con ben 300 atlete iscritte, un numero decisamente più elevato rispetto alle edizioni precedenti.

Nel calcio, si presentano ai nastri di partenza 17 nazionali contro le 22 di quattro anni prima. La qualità generale è di buon livello. Naturalmente i favori del pronostico sono per le due super potenze sudamericane. Ma anche Italia, Spagna e Belgio vantano formazioni competitive e per la prima volta dopo la fine della Grande Guerra c'è la Germania. Non essendoci ancora i Mondiali Fifa, ai Giochi - come era stato a Parigi - partecipano davvero i giocatori più forti dei vari Paesi, senza vincoli o limitazioni. Gli azzurri, ad esempio, schierano la migliore delle nazionali possibili: portieri come Giovanni De Prà e Giampiero Combi; difensori del calibro di Umberto Caligaris, Felice Gasperi e Virginio Rosetta; mediani come Fulvio Bernardini, Attilio Ferraris e Alfredo Pitto. In attacco, poi, il ct Augusto Rangone ha davvero l'imbarazzo della scelta, potendo contare su autentici purosangue della pedata che rispondono ai nomi di Felice Levratto, Mario Magnozzi, Gino Rossetti e del futuro campione del mondo Angelo Schiavio. E poi c'è lui: Adolfo Baloncieri. È il più bravo di tutti, il miglior calciatore italiano prima dell'avvento di Peppin Meazza. Nato vicino ad Alessandria, apprende il calcio a Rosario, in Argentina, dove la famiglia si è trasferita per lavoro. Torna in Italia a 16 anni e diventa un asso. Fa le fortune dell'Alessandria, del Torino e della Nazionale, che onora con un considerevole bottino: 25 reti in 47 partite. Baloncieri è una luce costantemente accesa sulla via dello spettacolo: organizza le azioni d'attacco, rifinisce, conclude. Come i grandi campioni, quando lui decide di alzare il livello del gioco, tutti i compagni ne traggono immediato beneficio. Quell'Olimpiade lo consacra come una stella di prima grandezza nel firmamento internazionale. Trascinata da Baloncieri, l'Italia arriva fino in semifinale, dopo aver eliminato la Francia 4-3, al termine di un match pirotecnico, e la temibile Spagna 7-1 nella ripetizione, dopo l'1-1 della prima partita - ai tempi non sono ancora previsti i supplementari. Insieme agli azzurri, entrano tra le migliori quattro l'Egitto - sorpresa fino a un certo punto visto che a Parigi '24 era già stato capace di arrivare fino ai quarti - e, naturalmente, le grandi favorite Uruguay e Argentina.

Le due nazionali sudamericane sono considerate le teste di serie e quindi vengono inserite nelle parti opposte del tabellone. Nei primi turni impressiona molto di più l'Albiceleste: il genio di Orsi, la furbizia di Cherro, le reti di Tarasconi e la classe di Ferreira formano un mix che nessun avversario è in grado di contenere. L'Argentina passeggia prima contro gli Stati Uniti (11-3) e poi travolge il Belgio 6-3, formazione tutt'altro che debole, guidata da uno dei giocatori più moderni e completi del periodo, Raymond Braine, che nel 1930 si trasferirà allo Sparta Praga, in Cecoslovacchia, diventando uno dei primi professionisti in Europa.

L'Uruguay, invece, fatica più del previsto. La Celeste appare un po' stanca e appesantita e alcuni sostengono sia appagata dopo l'oro di Parigi. Nel primo turno contro l'Olanda padrona di casa, squadra ostica ma non trascendentale, la nazionale di Primo Giannotti fa il minimo indispensabile per vincere: Scarone apre le marcature al 20' e Urdinaran arrotonda il punteggio solo a 4' dal termine: 2-0. Nei quarti di finale, la partita contro la Germania è una vera e propria battaglia: i tedeschi, riammessi dal Cio, ci tengono a fare bella figura contro i campioni olimpici e scendono in campo con il coltello tra i denti. Dopo una prima fase di studio, al 36' l' "Artillero" Pedro Petrone, effettua «un secco giro su stesso», per usare le parole di Vittorio Pozzo, si libera di un avversario e realizza. I tedeschi diventano nervosi e la buttano sullo scontro fisico: ne fa le spese il capitano Hans Kalb, che viene espulso. Petrone raddoppia e la contesa pare in ghiaccio. La Germania è furibonda con l'arbitro e pensa addirittura di non ripresentarsi in campo dopo l'intervallo. Per fortuna del buon senso e dello spettacolo, ci ripensa, ma è tardi per tentare una rimonta contro una compagine arcigna ed esperta come quella uruguaiana. Non è tardi però per continuare con il gioco duro. L'Uruguay, forte di un vantaggio cresciuto fino al 4-1, cede alle provocazioni e a tre minuti dal termine il capitano Josè Nasazzi arriva allo scontro frontale con l'attaccante tedesco Richard Hofmann: l'arbitro egiziano Youssouf Mohammed li espelle entrambi. Oltre che un leader carismatico, Nasazzi è anche un difensore straordinario e non averlo per la semifinale contro l'Italia è un duro colpo da digerire.

Le paure della Celeste vengono confermate dal veemente avvio degli azzurri: al 9' Baloncieri apre le marcature approfittando di una difesa sudamericana che, priva della sua guida, appare piuttosto incerta. E un minuto più tardi Magnozzi ha la clamorosa palla per il 2-0: Andrade, con un intervento prodigioso, salva sulla linea e nello slancio va a sbattere contro il palo. Sulle prime, non pare niente di grave, ma il giocatore da quel momento inizierà a soffrire di frequenti mal di testa. Non solo: sembra che persino la sua futura cecità dall'occhio sinistro abbia avuto origine da quel fortuito scontro di gioco.

Ad ogni modo, la Celeste, scampato il pericolo, capisce che non è più tempo di scherzare e all'improvviso rispolvera quel gioco brillante, fatto di passaggi corti e triangolazioni nello stretto, che tanto l'avevano resa celebre quattro anni prima. Scarone e Cea salgono di colpi sulla trequarti e mettono in crisi la retroguardia avversaria. Proprio Cea con un tiro incredibile da 30 metri pareggia, complice un Combi non irreprensibile. L'Uruguay prende ulteriore coraggio e nel resto del primo tempo si gioca in una sola metà campo. Al 28' Campolo trova lo spiraglio giusto per battere ancora Combi e 3' più tardi Scarone finalizza una splendida manovra corale, firmando il 3-1. Il pubblico è in estasi: ecco finalmente il vero Uruguay, quello di Parigi, quello capace di conquistare sei volte la Coppa America in 11 edizioni. L'Italia è in chiara difficoltà e prima dell'intervallo gli uruguaiani colpiscono ancora un palo.

Rangone negli spogliatoi si fa sentire, carica la squadra, pretende una reazione d'orgoglio. Gli azzurri rientrano in campo trasformati, con la bava alla bocca. Sotterrano i complessi di inferiorità e provano a giocarsela alla pari, tanto oramai non c'è più nulla da perdere. L'Uruguay è in apnea e ancora una volta, senza Nasazzi, la difesa si dimostra molto più perforabile: al 15' il duo Baloncieri-Schiavio lavora una palla d'oro che il bomber Levratto scaraventa in rete con tutta la forza che ha dentro. L'inerzia del match è ora capovolta, l'Italia cinge d'assedio la porta di Mazali, ma non riesce più a passare. Nei minuti finali, Canavessi, sostituto di Nasazzi, atterra in area Levratto: gli azzurri protestano, ma l'arbitro olandese Eymers lascia correre. In finale ci va l'Uruguay, tuttavia gli applausi del pubblico sono tutti per la formazione di Rangone e il giornale inglese The Telegraph titola: «Onore ai perdenti».

Nessuna battaglia, ma un monologo dal 1' al 90', nell'altra semifinale: l'Argentina demolisce l'Egitto con un perentorio 6-0, dando ancora una volta la sensazione di essere una squadra che sa coniugare spettacolo ed efficacia in un modo assolutamente unico. In tre partite, Orsi e compagni hanno segnato la bellezza di 23 reti, per una media di quasi 7 a gara: l'Uruguay questa volta sembra davvero sfavorito.

La finale dei due mondi

La tensione che si respira alla vigilia della finale è altissima. Siamo ad Amsterdam, distanti migliaia di chilometri da Buenos Aires e Montevideo, eppure i giocatori sono nervosi, emozionati, impazienti. Tutti, uruguaiani e argentini, sanno che quel 10 giugno 1928 non si gioca una partita come le altre. È la partita per stabilire la squadra più forte del mondo e di fronte ci sono le due nazionali rivali per eccellenza. L'Uruguay ritrova Nasazzi al centro della difesa e questa è la notizia positiva. Quella negativa però è che, per infortunio, perde Scarone, che è il centro gravitazionale dell'attacco. Al suo posto gioca un altro Hector, più giovane di lui, che di cognome fa Castro. È monco: da ragazzino ha perso una mano, tranciata da una fresa. Castro è forte, ma naturalmente non è Scarone. Anche l'Argentina ha una defezione importante: manca Roberto Cherro, la stella del Boca Juniors, e al suo posto il ct Josè Lago si affida a Enrique Gainzarain, del Ferro Carril Oeste. Cherro è uno dei più bravi dell'Albiceleste e - come abbiamo visto - forma con Tarasconi, Ferreira e Orsi il quadrilatero magico della manovra offensiva. Ma neppure Cherro è Scarone. Di Scarone ce n'è uno. Lo sanno persino gli argentini. Detestano gli uruguaiani e tutto quello che è uruguaiano come nessun altra cosa al mondo, però di fronte a Scarone si inchinano. Anche loro sono consapevoli che per quanto si sforzino di produrre calcio spettacolo e talenti a getto continuo "El mejor jugador del mundo", come viene soprannominato in tutto il Sudamerica, gioca dall'altra parte, gioca per gli odiati rivali.

L'occasione per l'Albiceleste così è ghiottissima. Senza la propria stella più luminosa, la Celeste, che già durante il torneo è parsa meno brillante e convincente del solito, ha ancora più paura. Per questo, Nasazzi, un leader carismatico come pochi ce ne saranno nella storia del calcio - come Varela, Valentino Mazzola o Maradona, per intenderci - prima della partita carica i compagni con un discorso di quelli che scaldano l'anima ed entrano nelle vene. L'effetto è immediato: gli uruguaiani scendono in campo determinati e disposti a tutto. Lottano su ogni pallone come se fosse quello decisivo, non perdono un contrasto, compensano l'assenza di Scarone con un atteggiamento da Squadra con la S maiuscola. Applicano alla lettera i consigli di Nasazzi, mettendo in mostra la famigerata *garra charrua*, lo spirito dei nativi, ovvero quel favoloso cocktail di grinta e perseveranza che è una caratteristica basilare del loro calcio e si vedrà soprattutto nell'epica impresa del Mondiale '50 al Maracanà.

L'Argentina è frastornata: le superiori doti di palleggio non bastano da sole per contrastare una simile ondata. La nazionale di Lago, che fino a quel momento aveva deliziato il pubblico dall'alto di una serie di prestazioni qualitativamente impressionanti, è costretta sulla difensiva. L'Uruguay va in vantaggio con Petrone al 23' e nel primo tempo sforna altre nitide palle-gol non concretizzate per pochissimo. Nell'intervallo, Luisito Monti, condottiero e veterano dell'Albiceleste, cerca di calmare i suoi infondendo coraggio a una squadra imbambolata. Nella ripresa l'Argentina tenta di riordinare le idee e per una ventina di minuti mette sotto i rivali, trovando anche il pareggio con Ferreira. Poi però l'effetto-Monti si placa, in entrambe le squadre subentra la paura di perdere e il match si trascina fino al 90' privo di altri sussulti. Per assegnare la medaglia d'oro bisogna aspettare la ripetizione dell'incontro, prevista tre giorni dopo, in uno stadio olimpico stracolmo.

Lago cambia l'interno sinistro: Ganzarain non ha convinto, Cherro non è ancora al meglio, così il tecnico dà spazio a Feliciano Perducca del Boca Alumni. In casa Celeste, la buona notizia è il rientro di Scarone. Non è al top, ma la sua presenza basta per far venire un brivido sulla schiena dell'intera Argentina. E infatti Scarone domina. Impugna la bacchetta del comando e mette tutti in riga, un professore universitario che insegna l'arte pedatoria a 21 alunni a bocca aperta, e non è che quegli alunni non sappiano giocare al *futbol* perché tra di loro c'è gente come Andrade, Cea, Orsi, Ferreira, Monti... Il fatto è che il cattedratico in questione è semplicemente di un altro pianeta. Appartiene alla categoria dei Geni Assoluti e quelli, nella storia del calcio, si sono visti poche volte. Accelerazioni, aperture, dribbling, virtuosismi. Scarone ha il controllo tecnico totale dell'incontro. Al 17' prende palla sulla trequarti, salta due uomini come birilli, entra in area e poi pesca in mezzo, tutto solo, l'ala sinistra Figueroa: controllo facile e palla nel sacco. Non sembra di nuovo esserci partita, l'Argentina è in apnea esattamente come era successo tre giorni prima. Con l'aggravante che questa volta, nell'Uruguay, c'è "El mejor jugador del mundo". Che cinque minuti dopo prende la mira dal limite e scarica un destro imprendibile: traversa. Poi, all'improvviso, l'Albiceleste ha un sussulto e Monti trova il pareggio con un tiro al volo. È di nuovo tutto in discussione. La nazionale di Lago si scuote e cerca di prendere il sopravvento: diventa un match bellissimo con occasioni in serie e continui capovolgimenti di fronte. Il momento decisivo scocca al 27' della ripresa: Figueroa accelera sulla sinistra e crossa in mezzo, al limite dell'area, per Borjas. Il centravanti del Montevideo Wanderers, sostituto di Petrone, vede con la coda dell'occhio che alle sue spalle sta arrivando di corsa Scarone. I due sembra non si amino molto. Ma un uruguaiano, quando c'è in palio il bene della propria nazione, non guarda a simpatie o antipatie. Perché il senso del collettivo e la ricerca del miglior risultato possibile vengono prima di qualsiasi obiettivo individuale. Borjas, così, invece che provare a stoppare quel pallone e dribblare Paternoster davanti a lui, preferisce fare da torre per l'inserimento sulla destra del suo compagno. Lo serve al grido di «Tuya Hector». Un'espressione che da quel momento entra nel linguaggio comune degli uruguagi e viene tramandata di generazione in generazione, indicando il passaggio di consegne e responsabilità a una persona di fiducia. In quel caso, Scarone ripaga la fiducia come meglio non potrebbe: fa rimbalzare il pallone una volta e poi lascia partire un missile che fende l'aria e si infila, imparabilmente, nell'angolo opposto a mezza altezza. Disperato e vano è il tuffo di Bossio. È un gol di una bellezza stordente, un gol che taglia le gambe agli argentini e consegna all'Uruguay il secondo oro olimpico consecutivo. E a segnarlo è il giocatore migliore, quello che, vedremo il perché più avanti, ha fatto di tutto per poter essere lì e giocare quella finale. Una favola a lieto fine. Anzi: una realtà a lieto fine, perché non c'è niente di inventato, è di nuovo tutto, ancora, vero. L'Uruguay è la squadra più forte del mondo e questa volta gli argentini devono inchinarsi senza poter avanzare alcun tipo di rivendicazione. Neppure la vittoria dell'anno successivo in Coppa America serve per mitigare la delusione. Anche loro, come il resto del pianeta, vengono messi di fronte all'evidenza. Ovvero che da almeno quattro anni il colore del calcio è uno solo ed è lo stesso del cielo: celeste.

I RISULTATI DEI GIOCHI
E I TABELLINI DELLA CELESTE

Primo turno

Portogallo-Cile 4-2
pt 3' Subiabre (C), 16' Carbonell (C), 42' Vitor Silva (P), 43' Pepe (P); st 7' Pepe (P), 16' Valdemar Mota (P)

Ottavi di finale

Olympisch Stadion, 30 maggio
Olanda-Uruguay 0-2
Marcatori: pt 20' Scarone; st 41' Urdinaran.
Olanda: Van der Meulen - Denis, Van Kol - Van Boxtel, Massy, Van Heel - Elfring, Buitenweg, Freese, Ghering, Weber.
Uruguay: Mazali - Nasazzi, Arispe - Andrade, Fernandez, Gestido - Urdinaran, Scarone, Borjas, Cea, Arremon.
Note: spettatori 24727.

Belgio-Lussemburgo 5-3
pt 9' Braine (B), 20' Versyp (B), 23' Moeschal (B), 32' Schutz (L), 43' Weisberger (L), 45' Theissen (L); st 22' Moeschel (B), 27' Braine (B)

Germania-Svizzera 4-0
pt 17' R. Hofmann, 42' Hornauer; st 30', 40' R. Hofmann

Egitto-Turchia 7-1
pt 23' El-Zobeir rig. (E), 27' Riad (E); st 1', 8', 18' Mokhtar (E), 5' Ismail II (E), 36' Bekir (T), 41' El-Hassani (E)

Italia-Francia 4-3
pt 15', 17' Brouzes (F), 19' Rossetti (I), 39' Levratto (I), 43' Banchero (I); st 15' Baloncieri (I), 16' Dauphin (F)

Portogallo-Jugoslavia 2-1
pt 25' Vitor Silva (P), 40' Bonacic (J); st 45' Augusto Silva (P)

Argentina-Stati Uniti 11-2
pt 9', 29' Ferreira (A), 24' Tarasconi (A), 41' Orsi (A); st 2', 4', 12' Cherro (A), 10' O'Carroll (S), 18', 21', 44' Tarasconi (A), 28' Orsi (A), 30' Kuntner (S)

Spagna-Messico 7-1
pt 13', 43' Regueiro (S), 27' Yermo (S); st 1', 35' Yermo (S), 11' Marculeta (S), 15' Mariscal (S), 21' Carreno (M)

Quarti di finale

Olympisch Stadion, 3 giugno 1928
Uruguay-Germania 4-1
Marcatori: pt 35', 39' Petrone (U); st 18' Castro (U), 36' R. Hofmann (G), 39' Petrone (U).
Uruguay: Mazali - Nasazzi, Arispe - Piriz, Fernandez, Gestido - Urdinaran, Castro, Petrone, Cea, Campolo.
Germania: Stuhlfauth - Beier, Weber - Knopfle, Kalb, Leinberger - Albrecht, Hornauer, Pottinger, R. Hofmann, L. Hofmann.
Note: espulsi Kalb (G) al 37' pt; Nasazzi (U) e R. Hofmann (G) al 42' st. Spettatori 25131.

Argentina-Belgio 6-3
pt 4', 10' Tarasconi (A), 24' Braine (B), 28' Van Halme (B); st 8' Moeschal (B), 20' Ferreira (A), 30', 44' Tarasconi (A), 36' Orsi (A)

Egitto-Portogallo 2-1
pt 15' Mokhtar (E); st 3' Riad (E), 31' Vitor Silva (P)

Italia-Spagna 1-1
pt 11' Zaldua (S); st 23' Baloncieri (I)

Italia-Spagna 7-1 (ripetizione)
pt 14' Magnozzi (I), 15' Schiavio (I), 18' Baloncieri (I), 40' Bernardini (I); st 2' Yermo (S), 27' Rivolta (I), 31', 32' Levratto (I)

Semifinali

Olympisch Stadion, 7 giugno
Uruguay-Italia 3-2
Marcatori: pt 9' Baloncieri (I), 17' Cea (U), 28' Campolo (U), 31' Scarone (U); st 15' Levratto (I).
Uruguay: Mazali - Canavessi, Arispe - Andrade, Fernandez, Gestido - Urdinaran, Scarone, Petrone, Cea, Campolo.
Italia: Combi - Rosetta, Caligaris - Pitto, Bernardini, Janni - Rivolta, Baloncieri, Schiavio, Magnozzi, Levratto.
Note: spettatori 15230.

Argentina-Egitto 6-0
pt 10' Cherro, 32' Ferreira, 37' Tarasconi; st 9', 16' Tarasconi, 37' Ferreira

Finale 3°-4° posto

Italia-Egitto 11-3
pt 7', 42' Schiavio (I), 12', 16' Riad (E), 14' Baloncieri (I), 19', 39', 44' Banchero (I); st 7' Baloncieri (I), 13' Schiavio (I), 16' Hassan Moussa (E), 27', 38', 43' Magnozzi (I)

Finale 1°-2° posto

Olympisch Stadion, 10 giugno
Uruguay-Argentina 1-1
Marcatori: pt 22' Petrone (U); st 6' Ferreira (A).
Uruguay: Mazali - Nasazzi, Arispe - Andrade, Fernandez, Gestido - Urdinaran, Castro, Petrone, Cea, Campolo.
Argentina: Bossio - Bidoglio, Paternoster - Medici, Monti, Evaristo - Carricaberry, Tarasconi, Ferreira, Gainzarain, Orsi.
Note: spettatori 25250.

Ripetizione
Olympisch Stadion, 13 giugno
Uruguay-Argentina 2-1
Marcatori: pt 17' Figueroa (U), 28' Monti (A); st 27' Scarone (U).
Uruguay: Mazali - Nasazzi, Arispe - Andrade, Piriz, Gestido - Arremon, Scarone, Borjas, Cea, Figueroa.
Argentina: Bossio - Bidoglio, Paternoster - Medici, Monti, Evaristo - Carricaberry, Tarasconi, Ferreira, Perducca, Orsi.
Note: spettatori 25110.

I giocatori uruguayani, nuovamente campioni olimpici

Una fase della finale tra Uruguay e Argentina

Due istantanee dei campioni

Il tiro di Scarone che batte Bossio e regala l'oro alla Celeste

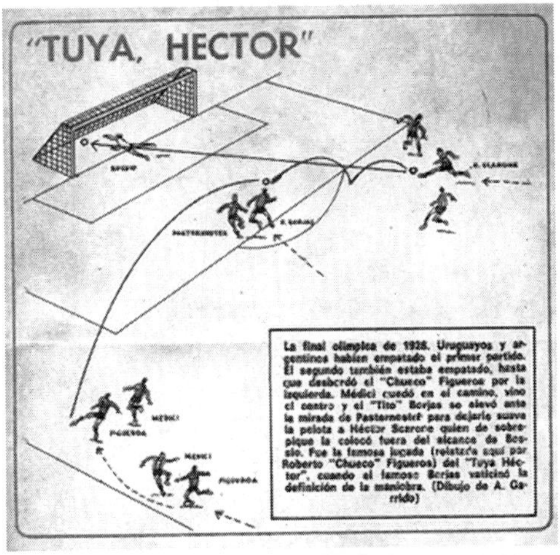

Una ricostruzione della rete del "Mago"

Un momento della durissima semifinale Uruguay-Italia

PARTE QUARTA

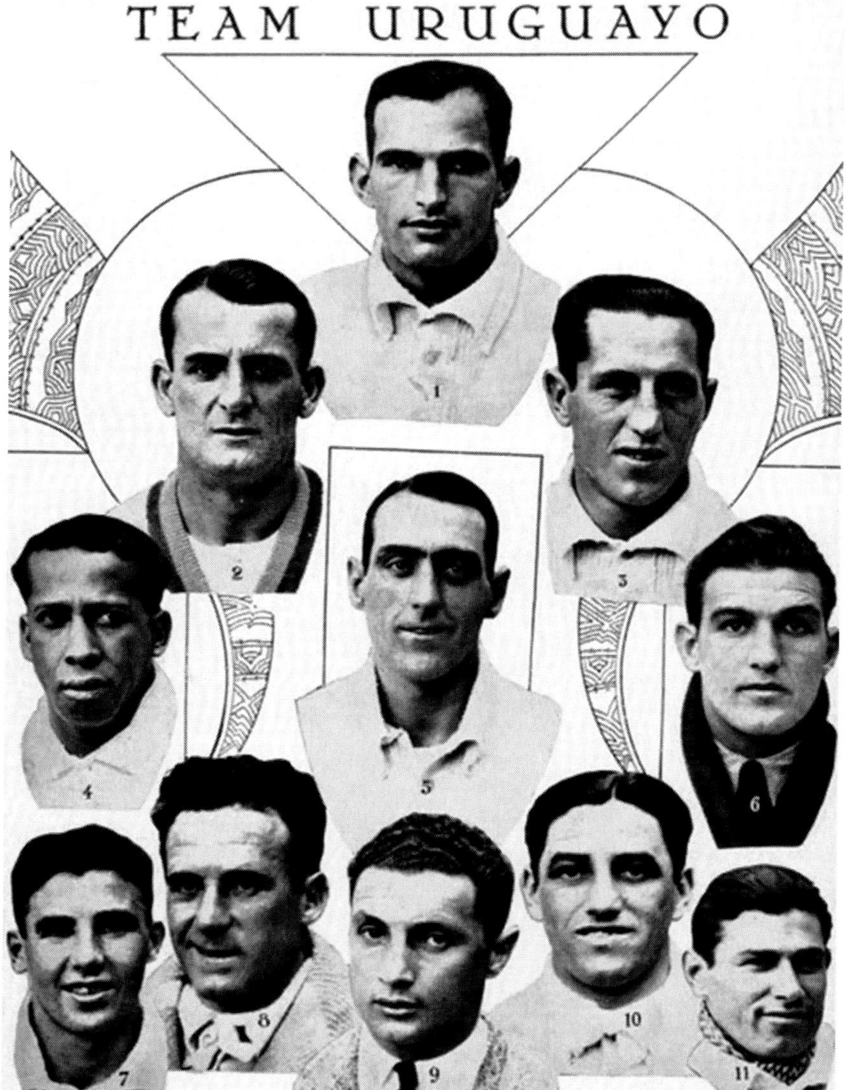

Gli 11 protagonisti dell'Uruguay in finale contro l'Argentina

IL TRIONFO MONDIALE

Il sogno di Rimet diventa realtà

Le Olimpiadi di Amsterdam, oltre a sancire l'indiscussa superiorità uruguaiana, fanno anche emergere un altro aspetto: il calcio è uno sport globale, capace di attirare le masse come nessun altro spettacolo al mondo. È in quelle notti olandesi - ammirando gli stadi pieni e l'entusiasmo della gente - che il presidente francese della Fifa, Jules Rimet, si convince definitivamente: «Le Olimpiadi non bastano più, bisogna organizzare un Campionato del Mondo esclusivamente dedicato al calcio». Gli europei ci avevano già provato nel 1904, durante una riunione tra le più importanti nazionali del continente a Parigi. La Svizzera si era fatta avanti per ospitare la manifestazione, ma non aveva trovato grandi appoggi: risultava una sola squadra iscritta. Questa volta però la situazione è diversa. Il calcio è entrato molto di più nel cuore delle persone ed è in grado di catalizzare interesse e soldi in misura decisamente maggiore. In più, adesso, non è solo l'Europa a volere un Mondiale ad hoc, ma anche il Sudamerica. Resta il problema della sede. Si fanno avanti diverse nazioni e la decisione viene presa il 18 maggio 1929 a Barcellona: tocca all'Uruguay. Non solo perché il piccolo Paese sudamericano vanta la miglior squadra al mondo, ma anche perché nel 1930 - anno designato per disputare l'evento - festeggia il centenario della nascita della Repubblica dopo l'indipendenza del 1828. Particolare non di poco conto, infine, è che l'Uruguay - che pure in quegli anni sta iniziando a vivere una crisi che avrebbe portato l'avvento di una dittatura militare nel 1933 - è un luogo abbastanza ricco e sicuro e la federazione si dice disposta a pagare le spese per ogni nazionale partecipante.

La scelta dell'Uruguay fa felice, naturalmente, il Sudamerica, mentre indispettisce l'Europa: l'Italia e le formazioni danubiane, in grande crescita sul piano tecnico e che speravano fortemente di ottenere l'organizzazione, disertano la competizione. Rimet si vede costretto a correre ai ripari: non può permettere che il primo Mondiale della storia sia monco e non veda al via alcuna rappresentante del Vecchio Continente. Alla fine, dall'Europa, arrivano in quattro: Belgio, Jugoslavia, Francia e Romania. Solo le prime due, però, aderiscono con convinzione. La federazione francese all'inizio è piuttosto contraria, ma Rimet si impegna personalmente per consentire ai giocatori della sua nazione di ottenere permessi lavorativi di un paio di mesi: in questo modo, pur con grande fatica, riesce a strappare il fatidico sì. La Romania, invece, viene obbligata a partecipare dal proprio re Carol, grandissimo appassionato di calcio. Gli jugoslavi salpano da Marsiglia, sul "Florida", gli altri partono da Genova, sul "Conte Verde". Viaggiano insieme ai rappresentanti della Fifa e al grande tenore Feodor Saljapin, che si rifiuta di cantare gratis per intrattenere i calciatori. Naturalmente, la nave è piena anche di turisti: pochi vedono di buon occhio quei giovani che passano le giornate correndo sulla stiva e tirando calci a un pallone. Rimet custodisce nella cassaforte la coppa, opera dell'orafo francese Abel Lafleur. Alta 35 centimetri, pesa 3,8 kg. È di argento puro laminato in oro e raffigura una nike alata, le cui braccia alzate sorreggono un'enorme tazza. Fino al 1970 rimarrà il trofeo assegnato al vincitore del Mondiale.

Una città in fermento

Le nazionali al via sono 13. All'arrivo viene effettuato il sorteggio e il 13 luglio 1930 si parte. Il primo match è Francia-Messico. Si gioca allo stadio di Pocitos, la *cancha* del Peñarol, ed è un trionfo francese: 4-1. A Montevideo l'aria che si respira è elettrica. È il primo e unico Mondiale della storia che si disputa in una città sola, anzi in soli tre stadi: oltre a Pocitos, teatro degli incontri sono il Gran Parque Central, del Nacional, e poi il nuovissimo Stadio Centenario, realizzato apposta per l'occasione. I lavori iniziano otto mesi prima, non appena l'Uruguay ottiene dalla Fifa l'onere e l'onore dell'organizzazione. La gara di appalto viene vinta dall'architetto Juan Antonio Scasso, che costruirà anche altre opere a Montevideo e nel 1932 diventerà presidente del Peñarol. Un po' come capita spesso ancora oggi, i soldi previsti in un primo momento - 400mila pesos oro - non sono sufficienti per completare la struttura. Scasso ne chiede quasi 300mila in più, il Governo ne concede appena 50mila e i lavori procedono a rilento. In un modo o nell'altro, il problema dei fondi viene risolto e quel nuovo avveniristico impianto da 90mila posti diventa realtà. Non è pronto per l'inizio dei Mondiali, ma cinque giorni dopo. E forse è anche meglio così: perché il 18 luglio gli uruguaiani festeggiano i 100 anni esatti dalla nascita della loro costituzione e perché il 18 luglio segna il debutto nella competizione dei padroni di casa, avversario il Perù. Dei 650mila abitanti che all'epoca vivono a Montevideo, un quarto si accalca fuori dal Centenario per assistere all'incontro. C'è un'attesa incredibile. Lo mette in evidenza anche Ivo Fiorentini, un ex calciatore di modesto livello trasferitosi in Uruguay, che in occasione dei Campionati del mondo invia al Littoriale - nome del Corriere dello Sport in epoca fascista - una serie di articoli sull'evento.

«Fino dal giorno precedente» scrive Fiorentini «tutti i 70mila biglietti d'ingresso erano stati venduti; e i furbi bagarini ne avevano fatto una buona incetta. Nella mattinata del

18 si notava nella città una agitazione spasmodica; e la caccia ai biglietti d'ingresso allo Stadio diventò una questione di vita o di morte». L'inizio dell'incontro è fissato per le 14,30. Ma a mezzogiorno i «furbi bagarini» citati da Fiorentini ne approfittano per vendere altri tagliandi a prezzi sempre più elevati: quelli per i popolari passano da mezzo peso a tre pesos, quelli per la platea da 8 a 15. La polizia a cavallo fatica a contenere una folla che continua a crescere e che a un certo punto rompe i cordoni, abbatte i cancelli, scavalca le reti metalliche ed entra come un fiume in piena nello stadio. Quando Uruguay e Perù scendono in campo, così, non c'è più uno spazio libero. Ufficialmente il numero di spettatori tocca quota 90mila, in realtà potrebbe pure sfondare 100mila. È un match carico di tensione e la Celeste, priva di Scarone che non è al meglio fisicamente, ne risente. I giocatori appaiono impacciati e nervosi e il Perù, pur senza creare grandi pericoli alla porta difesa da Ballestrero, regge l'urto. Tocca a Castro togliere i suoi dall'imbarazzo di un pareggio senza reti e realizzare il gol decisivo al quarto d'ora della ripresa. Tre giorni dopo, nel match contro la Romania, è tutta un'altra musica: Scarone riprende il suo regolare posto in campo, l'Uruguay torna a fare l'Uruguay e basta un tempo - il primo, chiuso sul 4-0 che è anche il risultato finale - per demolire sogni e speranze della compagine europea e staccare un pass per la semifinale. Dove Nasazzi e compagni trovano la Jugoslavia, capace nel girone di eliminare una delle favorite, il Brasile, vittima del freddo pungente di Montevideo. Gli slavi possono dunque dare fastidio anche alla Celeste? Macché: è una partita senza storia, con la squadra di casa che si impone con un nettissimo 6-1.

Il cammino dell'Argentina, tra gol e sviste clamorose

Non è difficile indovinare il nome dell'altra finalista. Come scrive Federico Buffa nel suo Storie Mondiali «se c'è una finale annunciata è quella del Mondiale 1930». L'Argentina arriva all'atto conclusivo dopo un cammino ricco di episodi curiosi e che testimoniano come quel calcio fosse realmente figlio del suo tempo, lontano anni luce dall'organizzazione delle super accurate competizioni attuali.

Nel match contro la Francia vinto 1-0, ad esempio, l'arbitro brasiliano Almeida Rego fischia la fine all'84', proprio nel momento in cui l'attaccante francese Marcel Langiller sta per battere a rete. Naturalmente, il fischio indispettisce i giocatori transalpini che circondano l'arbitro e gli lanciano qualsiasi genere di improperi. I tifosi argentini intanto invadono il campo per festeggiare e la polizia a cavallo è costretta a intervenire per riportare la calma e far capire al direttore di gara che ha sbagliato, che ci sono ancora sei minuti - durante i quali peraltro succederà poco o nulla - da giocare.

L'incontro con il Messico, che si conclude con il successo argentino per 6-3, vede l'arbitro Saucedo - che è anche l'allenatore della Bolivia - assegnare ben cinque rigori. Il problema è che il dischetto all'epoca non è ancora marcato con il gesso e tocca al direttore di gara indicare il punto di battuta. Saucedo però, in preda alla confusione più totale, fa calciare tutti e cinque i rigori a 14 metri e non a 11 dalla linea di porta. Forse è per questo che ne viene segnato uno solo?

Nell'ultimo incontro del girone con il Cile (il gruppo 1 è l'unico a prevedere quattro squadre in lizza), si accende una mega rissa, dopo un fallaccio a palla lontana di Luisito Monti su Casimiro Torres. Anche in questo caso la polizia deve entrare sul rettangolo di gioco per sedare la rivolta. Per la cronaca, l'Argentina vince 3-1.

E pure nella semifinale contro gli Stati Uniti, finita con un inequivocabile 6-1 per l'Albiceleste, si verifica una scena paradossale: il presidente della federcalcio americana entra in campo furibondo in seguito a un errore arbitrale e lancia sul terreno di gioco la valigetta del pronto soccorso. Una fiala di cloroformio, contenuta all'interno, si rompe. L'uomo, raggiunto dalle esalazioni, sviene ed è portato negli spogliatoi, dove riprende conoscenza qualche minuto dopo.

È ancora un dominio rioplatense. Ma quanto vale stavolta?

Uruguay contro Argentina, quindi. Sono ancora loro, due anni dopo Amsterdam, le più forti squadre al mondo. Ma è davvero così? Probabilmente sì, anche se non si possono dall'altra parte ignorare le critiche che piovono, copiose, dall'Europa. Inghilterra a parte, chiusa nel suo beato e non giustificato isolazionismo che finirà solo con la pessima figura del Mondiale '50, mancano al via le altre 3-4 migliori rappresentanti del calcio del Vecchio Continente. Un calcio che - se è vero che negli anni Venti non è ancora all'altezza di quello uruguaiano e argentino - nel 1930 ha iniziato a ridurre il gap e si prepara al definitivo sorpasso nel decennio che sta per cominciare. L'Italia, in particolare, nel '30 ha conquistato per la prima volta la Coppa Internazionale, una sorta di Europeo ante litteram che vede al via le nazionali danubiane e gli azzurri. In quell'occasione, il ct Vittorio Pozzo ha dato in mano le chiavi della squadra a un ragazzo di 20 anni destinato a scrivere le pagine più gloriose della nostra storia: Giuseppe Meazza.

Sarebbe stato in ogni caso molto difficile per l'Italia, come per l'Austria, l'Ungheria o la Cecoslovacchia, riuscire a battere Uruguay e Argentina a casa loro, ma non provarci nemmeno è sicuramente un limite non da poco per stabilire l'effettiva resa qualitativa della manifestazione. Da un punto di vista squisitamente tecnico, quel Mondiale forse non vale le due precedenti edizioni olimpiche, in particolare quella di Amsterdam, che aveva visto al via l'Italia e diverse altre scuole di prestigio del panorama europeo. È dello stesso avviso anche Ivo Fiorentini, che sempre sul Littoriale, scrive: «L'ironia che ho messo nello scrivere del Campionato del… Mondo ha il suo significato. Questo torneo resterà sempre in ogni modo un Campionato panamericano, giacché non si può concepire come Campione del mondo il vincitore di una gara alla quale non intervengano la squadra Campione d'Europa e le quattro migliori esponenti del calcio europeo. Non vogliamo con ciò mettere sullo stesso piano il calcio europeo e quello sudamericano, perché purtroppo sappiamo che fra l'uno e l'altro esiste ancora qualche differenza. Però ci sentiamo di poter dire che se il Campionato del mondo fosse davvero un torneo mondiale, non si potrebbe dire in anticipo che il titolo resterebbe in America».

L'attenzione riservata alla competizione, in Italia e in Europa, quindi non è molta e lo dimostrano anche gli spazi risicati sui giornali: nessun titolo roboante, qualche trafiletto e tante brevi. Un ostracismo che creerà negli anni seguenti tensioni e attriti tra i due mondi e porterà, ad esempio, l'Uruguay a boicottare il Mondiale 1934 in Italia e l'Argentina a presentarsi al via con una rosa dal valore tutt'altro che trascendentale.

Chi è più forte?

Le due finaliste arrivano all'atto conclusivo dopo un cammino abbastanza similare, in termini di numeri: 11 reti fatte e una sola subita in tre gare per la compagine di casa, guidata per l'occasione dal carneade Alberto Suppici, un preparatore atletico più che un allenatore, che si ritrova da un giorno all'altro catapultato alla guida della squadra più vincente del mondo; 16 gol segnati e 5 subiti in quattro incontri per l'Albiceleste, che è in mano addirittura a due tecnici, l'ex nazionale Francisco Olazar e Juan Josè Tramutola.

Rispetto ad Amsterdam l'Uruguay ha cambiato qualcosa, vuoi per un inevitabile ricambio generazionale, vuoi perché alcuni big sembrano prendere un po' sottogamba l'impegno. Il portiere Andres Mazali, ad esempio, sommo guardiano degli ori olimpici del '24 e del '28, fugge dal ritiro una notte per incontrare una misteriosa bionda. Quando rientra, però, Suppici gli dice di tornarsene pure a casa. È tosto, il giovane tecnico: è un amante della disciplina, ha imposto un coprifuoco che chiunque deve rispettare, pena l'esclusione dalla nazionale. E questo vale anche se si è un'istituzione come Mazali. Da buon preparatore atletico, poi, cura tantissimo la parte fisica. Uno può essere un campione, ma se si allena poco o male, con lui non vede il campo. È il caso di Pedro Petrone. Il centravanti della Celeste, uno dei più temibili numeri 9 del mondo, gioca contro il Perù e poi, per scarsa forma, finisce dritto tra le riserve. Il suo posto viene preso da Juan

Peregrino Anselmo del Peñarol, che fa in pieno il suo dovere, segnando un gol alla Romania e due alla Jugoslavia in semifinale. Negli spogliatoi, prima della finalissima, viene però colto da un improvviso attacco di panico ed è sostituito da Castro.

Non c'è più nemmeno Pedro Arispe, che a Parigi e ad Amsterdam aveva formato un insuperabile tandem difensivo con il capitano Nasazzi. Ha giocato l'ultima partita in nazionale nel 1929. Nel ruolo di terzino sinistro metodista tocca al 23enne Ernesto Mascheroni, che dal 1934 al 1936 giocherà in Italia, nell'Ambrosiana Inter. Sono cambiate anche le ali, con Pablo Dorado e Santos Iriarte promossi titolari.

Sono così solo quattro i reduci di Parigi (Nasazzi, Andrade, Cea e Scarone) e sei di Amsterdam (a loro, si aggiungono il centromediano Fernandez e il mediano sinistro Gestido). Il problema è che finora i "grandi vecchi" non stanno particolarmente brillando. Andrade, ad esempio, non sembra la solita furia sul piano agonistico e la solita sicurezza su quello del palleggio. Scarone, poi, ha 32 anni, gioca ad alti livelli dal 1917 e pare un po' in declino. Meno male che Nasazzi si è presentato al torneo in una forma smagliante e Pedro Cea si è scoperto all'improvviso un puntualissimo bomber, capace di trovare la via della rete già quattro volte.

E l'Argentina? L'Argentina è sempre fortissima. Anche lei ha cambiato parecchio. Ad esempio, non c'è più Orsi, trasferitosi alla Juventus in Italia dopo una corte spietata, ma Olazar e Tramutola non piangono di certo. All'ala destra è esploso Carlos Peucelle, di origini francesi, un funambolo di 22 anni che con il pallone fa ciò che vuole. Gioca leggero come una piuma, ha un cambio di passo impressionante, un dribbling mortifero e crossa come nessuno: l'anno dopo il Mondiale si trasferirà dal piccolo Sportivo Buenos Aires al grande River

Plate per la cifra, ai tempi spropositata, di 10mila pesos, tanto da guadagnarsi il soprannome di "El primer millonario". Onorerà la *camiseta* del River per tutta la carriera e da allenatore scoprirà un certo Alfredo Di Stefano.

L'altro cambiamento significativo avviene al centro dell'attacco: prima di scendere in campo nel match d'esordio contro la Francia, il centravanti titolare Roberto Cherro, un po' come Anselmo alla vigilia della finale, è assalito da un crisi nervosa. Olazar e Tramutola, negli spogliatoi, non fanno una piega: si girano, guardano in direzione di Guillermo Stabile, 24enne dell'Huracan, e gli consegnano la maglia numero 9. Sarà la loro fortuna. Stabile inizia a segnare e non si ferma più: tre gol al Messico, due al Cile, due agli Stati Uniti. Si presenta alla finalissima come il capo-cannoniere del Mondiale e come lo spauracchio numero uno per la Celeste.

Gli uomini in più dell'Argentina però sono i soliti due. Il primo è Luisito Monti, il miglior centromediano del mondo. Ha una tempra indomabile, una forza spaventosa e i suoi interventi difensivi sono spesso oltre il lecito. Ma è anche il faro di tutto il gioco: smista costantemente una quantità industriale di palloni e i suoi lanci a lunga gittata rappresentano il grimaldello giusto per aprire le difese avversarie. Il secondo è Manuel Ferreira. Ha un soprannome evocativo: "El Piloto", il pilota, perché è la guida della manovra offensiva. Ferreira è la classica seconda punta argentina di puro genio, alla Sivori per intenderci. Ha un controllo di palla sublime ed è l'uomo dell'ultimo passaggio, capace di mandare i compagni in porta con quei tocchi delicati, beffardi e istintivi che solo talenti dalla tecnica superiore sono in grado di concepire.

Tirando le somme, è dunque difficile stabilire chi sia più forte e anche se l'Uruguay gioca in casa, è realmente un incontro aperto a qualsiasi risultato.

Una partita? No, una guerra

Che questa non sia una partita come le altre, è evidente a tutti. Non solo perché è in palio la prima Coppa del Mondo. Ma perché di fronte si trovano le due nazioni rivali per eccellenza. Sempre Federico Buffa illustra perfettamente il quadro generale: «Più che una partita, è una guerra». Una guerra, come lo erano state le tante sfide decisive per l'assegnazione della Coppa America, l'amichevole del gol di Onzari, la finale per l'oro di Amsterdam. Una guerra che si carica, fin dal giorno della vigilia, di una tensione disumana. Naturalmente, nessuno vuole arbitrarla, perché una guerra lascia sul campo sempre molte vittime e il direttore di gara è il primo che rischia. Rimet pensa che l'unico in grado di controllare una situazione del genere sia John Langenus. Il belga è il più quotato arbitro del mondo. Ha già diretto due incontri nel Mondiale, Uruguay-Perù e Argentina-Stati Uniti, ma dopo le semifinali è scappato a Buenos Aires per godersi un po' di meritato riposo. Rimet lo rintraccia a tempo di record. Langenus accetta, ma ad alcune condizioni. La prima è che gli venga stipulata una congrua assicurazione sulla vita. La seconda, che abbia a disposizione un centinaio di poliziotti pronti a intervenire in caso di necessità. La terza, che un mezzo della Fifa, al termine dell'incontro, lo prelevi direttamente sul campo per andare al porto, perché lui da Montevideo vuole fuggire all'istante.

Già, Montevideo. Una città che si sveglia, il mattino della finale, in preda all'eccitazione più incredibile, ma anche alla follia più bieca. La gente corre ovunque, alla ricerca affannosa degli ultimi biglietti disponibili. E - come era già successo per il match d'esordio dell'Uruguay contro il Perù - i bagarini ne approfittano, facendo lievitare i prezzi in un modo assurdo. Le autorità si vedono costrette a dispiegare oltre mille poliziotti armati, a cavallo o a piedi, per evitare che la situazione degeneri. Viene sequestrato di tutto, sia all'ingresso dello stadio sia nelle zone limitrofe: coltelli, petardi, pistole, valigette contenenti materiale ritenuto pericoloso. Da Buenos Aires, gli argentini fanno richiesta per ottenere 30mila tagliandi sui 90mila totali. Gliene vengono concessi 20mila. Il problema non è solo garantire la sicurezza all'interno del Centenario, ma anche fuori, dove sono rimaste - travolte dalla delusione e dalla tristezza per non essere riuscite a entrare - decine di migliaia di persone. C'è chi dice siano 60mila, chi 80mila, chi addirittura 100mila, tutte accalcate e con le orecchie tese per ascoltare gli altoparlanti. Facendo un rapido calcolo, quasi la metà della popolazione di Montevideo quel giorno si trova allo stadio o nelle immediate vicinanze per seguire la finale e prendere parte a quella che è una festa popolare, una festa dello sport, una festa dell'orgoglio uruguagio e del *futbol* rioplatense.

Il coronamento di un ciclo irripetibile

La psicologia nel calcio è un aspetto fondamentale, non meno della tecnica o della tattica. Lo sapevano bene anche ai tempi e lo sa anche Scasso quando costruisce il Centenario. Ogni zona dello stadio deve rievocare i trionfi della Celeste. L'obiettivo è chiaro: mettere in soggezione l'avversario di turno, fargli capire che di fronte si sarebbe trovato non una squadra qualsiasi, ma la più forte, che era stata capace di vincere tutto quello che c'era da vincere. Così la tribuna centrale viene ribattezzata Olimpica, in onore dei due ori olimpici consecutivi; le curve laterali Colombes e Amsterdam, i luoghi dove questi titoli sono stati conquistati; di fronte a quella Olimpica si trova invece la tribuna America, perché l'Uruguay, prima di dominare l'Europa, aveva messo in bacheca titoli di campione sudamericano come nessun altro. All'inizio poi manca un sottopasso, che porti i giocatori dagli spogliatoi al terreno di gioco. Per entrare in campo, bisogna così scendere 50 gradini della scalinata posta al centro della Tribuna Olimpica, camminando tra due ali di tifosi: un altro modo - questo probabilmente non voluto - per incutere timore negli avversari. L'Argentina è una squadra esperta e abituata a misurarsi ai massimi livelli internazionali, ma è conscia che davanti non si troverà solo 11 giocatori in maglia celeste, bensì un intero popolo pronto a sospingere la propria nazionale verso il trionfo iridato con qualsiasi mezzo. Sembra che addirittura un leader carismatico come Luisito Monti prima del via si impaurisca sentendo le grida dei tifosi uruguagi dal chiuso dello spogliatoio e vedendo quella falange umana che si apre davanti a lui, mentre percorre a passo lento quei 50 scalini, che per i giocatori sono faticosi e pesanti come se corressero una maratona. Anche Langenus ha paura. Riceve minacce di morte di ogni tipo e quando si presenta allo stadio viene arrestato: è il tredicesimo a dire di essere l'arbitro dell'incontro. E' così condotto in un gabbiotto, insieme agli altri 12 uomini. Gli organizzatori si rivolgono al sarto che ha cucito la divisa: tocca a lui svelare l'arcano e riconoscere il vero Langenus. Nel frattempo, è trascorsa quasi un'ora, sicché la partita inizia con un clamoroso ritardo. Il belga non deve solo dirigere con la massima attenzione, cercando di sbagliare il meno possibile e di non scontentare troppo l'una e l'altra parte. Deve vestire anche i panni dell'abile diplomatico: per questo, sceglie di giocare il primo tempo con il pallone portato dagli argentini, un 4, più leggero; e il secondo con quello degli uruguaiani, un 5, più pesante. Ogni mossa va studiata e calcolata nei dettagli perché quella finale è una guerra, non una semplice partita.

Memore forse dell'avvio troppo soft nella finale olimpica del '28, stavolta l'Argentina comincia fortissimo. Nei primi minuti Ballestrero è già chiamato a sventare diverse insidie. Poi, però, all'improvviso, la Celeste ha una fiammata. Nasce tutto dai piedi di Scarone, che non ha disputato un grande Mondiale, ma in finale - nel momento in cui i fuoriclasse devono fare la differenza - intende lasciare il segno. La mezzala del Nacional porta palla e sembra volersi produrre in un'azione personale, ma è un modo per ingannare la difesa. Quando si accorge che Suarez e Paternoster stanno convergendo su di lui, apre il gioco per Castro, il quale a sua volta allunga sul lato destro dell'area a Dorado. L'ala dell'Uruguay ha tutto il tempo di prendere la mira e infilare Botasso con un tiro sul primo palo. È il 12'. Il Centenario esplode, ma gli argentini sono gente abituata a non mollare. Anzi: spesso, nelle situazioni di maggiore difficoltà, quando hanno tutti contro, si esaltano e tirano fuori il meglio. Monti inizia a scrollarsi di dosso un po' di ruggine, Ferreira prende in mano le operazioni sulla trequarti e la difesa di casa è costretta più volte ad affannosi recuperi. Tra i singoli, da segnalare in questa fase l'ottimo impatto del mediano sinistro dell'Albiceleste, Evaristo. «Il miglior uomo in campo» scrive di lui Ivo Fiorentini. «In questo giocatore mai ho avuto una grande fiducia giacché nelle varie volte che l'ho visto lavorare non sono mai riuscito a convincermi della sua fama. Oggi, invece, e specialmente in queste ultime partite del Campionato del Mondo, egli ha dato tutta la misura del suo valore dimostrando di essere il difensore più valente, più agile, più tecnico e veloce, di quanti abbiamo visto in questo torneo superando per la regolarità del suo rendimento in ogni partita, il più grande e possente half sud americano e forse mondiale, Gestido».

L'Argentina ora gioca meglio, spinge senza sosta e al 20'

conquista un meritato pareggio: Ferreira attira nella sua ragnatela un paio di difensori, poi con un colpo di genio serve in verticale Peucelle, diagonale incrociato e Ballestrero è trafitto. Il Centenario è ammutolito. La nazionale di Olazar e Tramutola capisce che è il momento di affondare ancora e solo la grande giornata del capitano della Celeste Josè Nasazzi evita nei minuti successivi un nuovo gol degli ospiti. Al 37' però proprio Nasazzi si fa sorprendere da un lancio di Monti, Stabile sbuca alle sue spalle, si incunea in area, scarta Ballestrero e deposita nella porta sguarnita. Quando Langenus fischia la fine del primo tempo, i tifosi sugli spalti sono preoccupati: l'Uruguay è partito forte, ma l'Argentina ha tenuto di più il possesso palla ed è in vantaggio con merito. Negli spogliatoi Nasazzi è una furia: assesta due violenti pugni su una parete e ci lascia addirittura le impronte. Resteranno lì per anni. «Non dobbiamo perdere» tuona "El Gran Mariscal". «Nella ripresa, dobbiamo essere aggressivi su ogni pallone, chi si tira indietro dovrà fare i conti con me». Poche parole, ma dette con una forza persuasiva straordinaria. Se Andrade e Scarone sono le stelle della Celeste sul piano tecnico, nessun dubbio che su quello caratteriale Nasazzi sia almeno una spanna sopra a chiunque altro: quando parla, tutti stanno in silenzio; quando ordina qualcosa, si fa e basta. Suppici e gli altri allenatori prima di lui sono preparatori e tattici. Ma caricare e motivare il gruppo è compito esclusivo del capitano.

Le urla di Nasazzi ottengono l'effetto sperato: al rientro, l'Uruguay è scatenato e costringe l'Argentina a chiudersi nella propria metà campo. «Il primo tempo» fa notare Fiorentini «terminò così in vantaggio degli argentini per 2 a 1 i quali effettivamente dimostrarono una miglior fattura di azioni e decisione nel concluderle. Nel secondo periodo, però, le cose subirono un cambiamento e dopo un'iniziale sfuriata argentina, desiderosi di rinsaldare possibilmente la loro posizione, le linee uruguayane andarono man mano ad impostarsi ed a guadagnar terreno. La coppia Nasazzi Mascheroni risponde sempre e Gestido, il grande, riuscì a mostrare tutta la sua formidabile classe. Fernandez al centro come un toro inferocito iniziò il suo lavoro di distruzione intervenendo spesse volte con forza esagerata, e allungando palloni su palloni alla punta sinistra».

Ma «guadagnar terreno» non basta. Per scardinare l'ottima difesa ospite, impostata su un terzetto collaudato come quello formato da Botasso - che a Buenos Aires è chiamato con un curioso soprannome "la cortina metallica" - Della Torre e Paternoster, c'è bisogno di qualcosa di più. C'è bisogno del colpo di genio di un campione. E al 12', puntuale, arriva: lungo lancio di Fernandez dalla linea mediana, Scarone riceve la sfera spalle alla porta e non può calciare perché ha un uomo alle calcagna né girarsi perché rischia di perdere il pallone. E allora che fa? Fa come Del Piero, in un famoso Milan-Juventus dell'8 maggio 2005. Solo che Scarone lo fa in una finale mondiale, con gli occhi di 100mila persone addosso e con la sua squadra sotto 2-1. Di puro istinto, senza che la palla tocchi terra, quello che è ancora - quando ne ha voglia e i crescenti malanni fisici di un'età non più giovanissima lo lasciano in pace - "El mejor jugador del mundo", palleggia e si produce in una rovesciata incredibile, che trova sul lato opposto dell'area il compagno Pedro Cea: tocco da pochi passi e 2-2.

L'inerzia dell'incontro pare ora capovolta e come scrive Fiorentini «le azioni uruguayane, spinte dall'entusiasmo dell'ottenuto pareggio, prevalsero, ancora, e la squadra argentina sembrò tentennare». Scarone è ispiratissimo: sembra essere tornato quello delle Olimpiadi di Amsterdam e da fuoriclasse vero sta guidando i suoi dall'alto di una classe superiore. Prima lui e poi Iriarte vanno vicini al gol, preludio al punto del sorpasso, che arriva al 23':

allungo di Fernandez, Iriarte finta il passaggio al centro proprio per Scarone, la difesa argentina è posizionata male, l'ala mancina dell'Uruguay tiene palla e scaglia un sinistro terrificante che non dà scampo a Botasso.

Il Centenario adesso è davvero una bolgia. L'Argentina ha la schiuma alla bocca, si riversa in avanti con foga e costruisce tre nitide chances: una, in particolare, sembra tradursi in gol, ma sulla linea si catapulta Andrade, che salva la propria porta con un intervento acrobatico. Poi la furia dell'Albiceleste, inevitabilmente, si placa: i giocatori sono stanchi, l'Uruguay controlla la situazione e a un minuto dalla fine corona una giornata memorabile con la rete del definitivo 4-2. È una splendida azione corale, fatta di passaggi rapidi e corti, che tanto hanno reso famoso il gioco della Celeste in tutto il mondo: Andrade a centrocampo allarga per Dorado, che chiede e ottiene un triangolo stretto con Scarone, salta Paternoster e crossa in mezzo all'area dove c'è Castro, il sostituto di Anselmo nel ruolo di centravanti. "El Divino Manco" non ha giocato una partita indimenticabile, ma quella palla non la può davvero sbagliare: colpo di testa potente e preciso e Botasso è battuto per la quarta volta. È il trionfo. L'Argentina esce dal campo in preda all'ira più funesta, non solo per il risultato che l'ha vista ancora una volta soccombere di fronte ai tradizionali rivali, ma anche per il clima tutt'altro che amichevole del Centenario. Ma questo è il calcio. Gli uruguaiani si abbracciano e per le strade di Montevideo è festa grande fino all'alba. Due volte campioni olimpici, una volta campioni mondiali: nessuno meglio dell'Uruguay, una nazione di nemmeno due milioni di abitanti, che è riuscita in un'impresa unica, da tramandare alle generazioni future. «L'Uruguay non era più un errore» evidenzia con enfasi patriottica Eduardo Galeano. «Il calcio aveva strappato questo minuscolo paese dall'ombra dell'anonimato universale».

La collera argentina e l'importanza della tattica

A Buenos Aires, naturalmente, nessuno la prende bene. I tifosi ce l'hanno con la federazione, la federazione ce l'ha con la commissione tecnica, la commissione tecnica ce l'ha con i giocatori e tutti ce l'hanno, ovviamente, con l'Uruguay. La federcalcio argentina è furiosa per il trattamento tutt'altro che rispettoso - secondo loro - che è stato riservato ai propri tesserati. E per tutta risposta, decide di rompere qualsiasi relazione diplomatica con i nuovi campioni del mondo. La conseguenza è che per cinque anni non sarà più disputata alcuna edizione di Coppa America, perché se manca l'intesa tra i due Paesi più potenti e calcisticamente evoluti del continente, allora diventa quasi inutile qualsiasi forma di competizione tra le altre nazioni.

La stampa, invece, mette nel mirino soprattutto i calciatori. Su tutti, Monti, che a parte qualche fiammata nel primo tempo, non è riuscito a dare il solito contributo in termini di energia e organizzazione di gioco e viene additato come il principale responsabile della sconfitta. Da idolo di una nazione, è ora definito «conejo», coniglio, mentre i suoi compagni diventano «codardes», codardi. Monti, un duro dal cuore tenero, ci rimane male e nel 1931 molla tutto e si trasferisce in Italia, dove raggiunge l'amico Orsi alla Juventus e dove si prenderà la rivincita con gli interessi: naturalizzato italiano, vincerà da attore protagonista il Mondiale 1934 con l'Italia.

Più che con Monti, però, forse gli argentini avrebbero dovuto prendersela soprattutto con se stessi. Riflettendo sul loro tipo di calcio, che disperde troppe energie inutilmente ed è poco pratico. È vero che ai tempi la tattica è agli inizi e non è argomento di così grande interesse. Però è innegabile che il modo di giocare degli argentini, che come valore dell'organico non sono affatto inferiori agli odiati rivali, sia eccessivamente votato all'attacco e allo spettacolo fine a se stesso e lo sia stato anche in quell'occasione.

«Nel complesso e nella sua struttura» evidenzia ancora Fiorentini sul Littoriale, «la squadra argentina è sempre formidabile all'attacco e incompleta nella difesa». L'Uruguay, invece, facendo maggiormente leva sull'attenzione difensiva e sulla giusta equidistanza e coesione tra i reparti, ha saputo serrare splendidamente le fila nel momento del bisogno e ha avuto la pazienza di attendere l'occasione più favorevole per colpire, sfruttando il suo proverbiale gioco corto, fatto di triangolazioni e scambi in velocità. Non solo. Ha aspettato che i suoi due uomini più rappresentativi, Andrade e Scarone, riprendessero quota dopo un primo tempo tutt'altro che indimenticabile, entrassero in partita con calma e diventassero poi addirittura decisivi. Andrade ha salvato una palla sulla linea e ha avviato l'azione della quarta rete; Scarone ha preso in mano le redini del gioco, mettendo lo zampino in tre gol su quattro e in particolar modo nel 2-2, con quell'assist sontuoso in rovesciata che è stato probabilmente la giocata più straordinaria della partita, lo spartiacque decisivo che ha riattivato lo spirito *charrua* della Celeste, il manifesto per eccellenza del trionfo iridato.

I RISULTATI DEI MONDIALI E I TABELLINI DELLA CELESTE

Girone A

Francia-Messico 4-1
pt 19' L. Laurent (F), 40' Langiller (F), 43' Maschinot (F); st 25' Carreno (M), 42' Maschinot (F)

Argentina-Francia 1-0
st 36' Monti

Cile-Messico 3-0
pt 3' Vidal; st 7' M. Rosas, 20' Vidal

Cile-Francia 1-0
st 22' Subiabre

Argentina-Messico 6-3
pt 8', 17' Stabile (A), 12' Zumelzù (A), 42' M. Rosas rig. (M); st 8' Varallo (A), 10' Zumelzù (A), 20' M. Rosas (M), 30' Gayon (M), 35' Stabile (A)

Argentina-Cile 3-1
pt 12', 13' Stabile (A), 15' Arellano (C); st 6' M. Evaristo (A)

Classifica: Argentina 6, Cile 4, Francia 2, Messico 0.
Argentina si qualifica per le semifinali

Girone B

Jugoslavia-Brasile 2-1
pt 21' Tirnanic (J), 30' Beck (J); st 17' Preguinho (B)

Jugoslavia-Bolivia 4-0
st 15', 22' Beck, 20' Marjanovic, 41' Vujadinovic

Brasile-Bolivia 4-0
pt 37' Moderato; st 22', 38' Preguinho, 28' Moderato

Classifica: Jugoslavia 4, Brasile 2, Bolivia 0.
Jugoslavia si qualifica per le semifinali

Girone C

Romania-Perù 3-1
pt 2' Stanciu (R); st 30' Souza-Ferreira (P), 34' Barbu (R), 44' Stanciu (R)

Centenario, 18 luglio
Uruguay-Perù 1-0
Marcatore: st 20' Castro.
Uruguay: Ballestrero - Nasazzi, Tejera - Andrade, Fernandez, Gestido - Urdinaran, Castro, Petrone, Cea, Iriarte.
Perù: Pardon - de las Casas, Maquillon - Galindo, Denegri, Astengo - Lores, Villanueva, Lavalle, Neyra, Souza.
Note: spettatori 90000.

Centenario, 21 luglio
Uruguay-Romania 4-0
pt 7' Dorado, 28' Scarone, 31' Anselmo, 35' Cea.
Uruguay: Ballestrero - Nasazzi, Mascheroni - Andrade, Fernandez, Gestido - Dorado, Scarone, Anselmo, Cea, Iriarte.
Romania: Lapusneanu - Burger, Czako - Eissenbeiser, Vogl, Robe - Covaci, Desu, Wetzer, Rafinschi, Barbu.
Note: spettatori 80000.

Classifica: Uruguay 4, Romania 2, Perù 0.
Uruguay si qualifica per le semifinali

Girone D

Stati Uniti-Belgio 3-0
pt 40', 43' McGhee; st 44' Patenaude

Stati Uniti-Paraguay 3-0
pt 10', 18' Patenaude; st 5' Patenaude

Paraguay-Belgio 1-0
pt 40' Benitez Caceres

Classifica: Stati Uniti 4, Paraguay 2, Belgio 0.
Stati Uniti si qualificano per le semifinali

Semifinali

Centenario, 26 luglio
Uruguay-Jugoslavia 6-1
Marcatori: pt 4' Vujadinovic (J), 19' Cea (U), 21', 23' Anselmo (U); st 18' Iriarte (U), 21', 27' Cea (U).
Uruguay: Ballestrero - Nasazzi, Mascheroni - Andrade, Fernandez, Gestido - Dorado, Scarone, Anselmo, Cea, Iriarte.
Jugoslavia: Jaksic - Ivkovic, Mihajlovic - Arsenijevic, Stevanovic, Djokic - Tirnanic, Marjanovic, Beck, Vujadinovic, Sekulic.
Note: spettatori 80000.

Argentina-Stati Uniti 6-1
pt 20' Monti (A); st 11' Scopelli (A), 24' Stabile (A), 35', 40' Peucelle (A), 42' Stabile (A), 44' Brown (S)

Finale

Centenario, 30 luglio
Uruguay-Argentina 4-2
Marcatori: pt 12' Dorado (U), 20' Peucelle (A), 37' Stabile (A); st 13' Cea (U), 23' Iriarte (U), 44' Castro (U).
Uruguay: Ballestrero - Nasazzi, Mascheroni - Andrade, Fernandez, Gestido - Dorado, Scarone, Castro, Cea, Iriarte.
Argentina: Botasso - Della Torre, Paternoster - J. Evaristo, Monti, Suarez - Peucelle, Varallo, Stabile, Ferreira, M. Evaristo.
Note: spettatori 100000.

Uruguay-Argentina:
i capitani Nasazzi
e Ferreira prima
della finale mondiale
insieme all'arbitro
belga Langenus

Uruguay-Argentina:
il 2-2 di Cea

Uruguay-Argentina:
il 4-2 di Castro

Uruguay-Argentina:
l'1-0 di Dorado

Il Presidente della Fifa, Jules Rimet, consegna la Coppa al Presidente della federcalcio dell'Uruguay, Paul Jude

La nazionale argentina

La nazionale uruguayana

Lo stadio Centenario

PARTE QUINTA

IL MODO DI GIOCARE

La Parete

Il gioco corto, manovrato e di qualità diventa grazie all'Uruguay popolare in tutto il pianeta. La Celeste mostra a tutti che il calcio più bello e divertente non passa attraverso la fissità dei ruoli, la staticità o i lanci lunghi, ma risiede nei triangoli stretti, nelle sovrapposizioni, nei duetti palla a terra, nel talento individuale messo a servizio dell'organizzazione collettiva. Gli uruguagi hanno affinato il loro *futbol* nei campetti di periferia, lo hanno plasmato nei tornei sudamericani e poi lo hanno diffuso ovunque. Hanno fatto giocare i figli dei neri e dei bianchi, dei poveri e dei ricchi tutti assieme e ne hanno ricavato benefici enormi. La voglia di non darsi mai per vinti, tratto distintivo della *garra charrua*, è la ciliegina sulla torta, il carburante che fa esplodere la miccia e permette a un piccolo Paese chiuso tra i colossi Argentina e Brasile di dare lezioni a tutti. La Celeste prepara l'impasto del calcio spettacolo, in modo che le altre nazioni possano poi, nel corso della storia, usarlo e declinarlo a seconda dei propri gusti e della propria cultura. La base di questo impasto è formata da una delle linee d'attacco più straordinarie di tutti i tempi e da tre uomini che si trovano a occhi chiusi, forti di una fiducia impressionante l'uno nell'altro: Scarone, Cea e Petrone. Più che un terzetto, diventa un ritornello, una litania, un mantra indimenticabile. Il genio di Scarone, la concretezza di Cea e la potenza di Petrone si amalgamano in modo perfetto. Le loro rapide triangolazioni e i loro movimenti incessanti sul pentagramma offensivo umiliano gli avversari, stregano i tifosi e diventano il marchio distintivo del Grande Uruguay.

Un marchio distintivo, esattamente come il *totaalvoetbal* per la generazione olandese degli anni '70 o il *tiki-taka* per il Barcellona e la Spagna dell'ultimo decennio. Un marchio distintivo che prende il nome di "La Parete". Eduardo Galeano spiega perché si chiama così: «Quarant'anni prima dei brasiliani Pelè e Coutinho gli uruguagi Scarone e Cea disorientavano le difese avversarie coi loro passaggi di prima e a zig zag che andavano e venivano dall'uno all'altro mentre si avvicinavano alla porta, tua e mia, corta e lunga, domanda e risposta: la palla rimbalzava senza fermarsi, come contro una parete». Grazie a questo stile di gioco, che parte dagli scambi sontuosi tra Scarone e Cea e si conclude spesso con le battute a rete del centravanti Petrone, l'Uruguay, nel periodo compreso tra il 1923 e il 1929, si esprime con il superlativo assoluto e tocca vette di qualità tecnica e artistica fino a quel momento non ancora esplorate.

Quale l'Uruguay più forte?

Il ciclo della *Generacion Dorada* uruguaiana, capace di vincere tutto e incantare il mondo, si conclude dunque con il trionfo massimo, l'alloro iridato. Scarone, Petrone e Andrade danno l'addio alla nazionale dopo il Mondiale, Cea due anni più tardi, Mazali di fatto ha già lasciato. Rimangono sulla breccia pochi reduci, tra cui l'indomabile capitano Nasazzi, l'attaccante "El Manco" Castro, il roccioso centromediano Lorenzo Fernandez. Loro, insieme a una nuova nidiata di calciatori, tra i quali Miguel Andreolo - poi trasferitosi in Italia e diventato campione del mondo con gli azzurri nel 1938 - solleveranno al cielo la Coppa America del 1935, vinta in maniera inaspettata contro la favorita Argentina del formidabile centravanti Herminio Masantonio. Sarà quello l'ultimo avamposto, il canto del cigno definitivo, il tramonto della generazione che dal 1920 al 1930 non ha avuto rivali sul pianeta. Nessun altra nazionale uruguagia futura, nemmeno quella degli anni '50 che pure riesce a fregiarsi del titolo mondiale a sorpresa nella tana del Brasile, entra nel cuore della gente come quella di Scarone e Andrade, Nasazzi e Mazali, Cea e Petrone. Il Grande Uruguay, diventato poi l'"Uruguay dei Los Invencibles" - da una frase che Josè Nasazzi pronuncia sulla tomba dell'amico Scarone nel 1967 e che trovate nell'incipit di questo libro - sarà sempre il punto di riferimento obbligato per chiunque, la miglior formazione espressa dal *futbol charrua* nel corso della storia. Idolatrata e ammirata a tal punto che gli uruguaiani sostengono di aver vinto non due Mondiali, ma quattro, come indicano le stelle presenti sulla maglia della nazionale. Per loro, infatti, le edizioni dei Giochi Olimpici '24 e '28 equivalgono a dei Campionati del mondo veri e propri. Tutti i torti non li hanno. Non solo perché ai tempi il Mondiale Fifa non esisteva, ma anche perché a Parigi e Amsterdam presero parte moltissimi dei migliori calciatori al mondo, essendo quasi tutti ancora dei dilettanti. Bisogna poi considerare che in quelle due Olimpiadi erano rappresentati ben tre continenti (Europa, Africa, America del Nord e del Sud), gli stessi di diversi Campionati del mondo e di più rispetto alle edizioni 1950, 1958 e 1962, quando si presentarono al via formazioni solo da Europa e America.

La qualità globale dei Giochi del '24 e soprattutto del '28, poi, è probabilmente più alta rispetto a quella del Mondiale '30 e non inferiore, ad esempio, a quella delle edizioni '34, '38 e '50.

Difficile, per non dire impossibile, stabilirlo con certezza non avendo vissuto in diretta quei momenti, però è indubbio che le Olimpiadi di Parigi e Amsterdam abbiano permesso al calcio di effettuare un salto quantico rispetto all'epoca precedente, innalzando in modo considerevole la qualità media e la popolarità di questo sport, tramutandolo in un fenomeno globale e globalizzato e spianando la strada per la creazione di una competizione ad hoc.

L'Uruguay, dunque, è da considerarsi a pieno titolo e con pieno merito la prima nazionale regina dei due mondi, e non solo per il trionfo del '30. Anzi: forse più per i due ori olimpici, se pensiamo che vincere in un continente diverso è sempre stata un'impresa difficilissima e riuscita raramente nel corso della storia. Emblematico è proprio il caso dei Mondiali Fifa: finora, in 84 anni e 20 edizioni di Coppa del mondo, una sola nazionale sudamericana è stata capace di imporsi in Europa (il Brasile in Svezia, nel '58) e una sola europea in Sudamerica (la Germania in Brasile, nel 2014). E prima del trionfo della Spagna a Sudafrica 2010 nessuna - ripeto, nessuna - squadra del Vecchio Continente era mai stata in grado di conquistare il titolo fuori dai confini europei. Quell'Uruguay, invece, vince - vince? stravince - la massima competizione calcistica del pianeta in Francia e in Olanda e lo fa a distanza di soli quattro anni, senza risentire minimamente delle differenze climatiche, ambientali e dei terreni di gioco.

Le formazioni del '24 e del '28 rappresentano quindi, ancora più di quella del '30, l'apice del ciclo d'oro della Celeste. E probabilmente lo sono anche dal punto di vista qualitativo, in termine di valore degli organici. Ballestrero, che è il portiere del '30 e disputa un comunque ottimo Mondiale, non ha certamente la classe di Mazali, il titolare di Parigi e di Amsterdam, che per gli uruguaiani è uno dei tre estremi difensori più forti della loro storia - Maspoli e Mazurkiewicz gli altri due. Nasazzi c'è sempre e ha una continuità di rendimento encomiabile, mentre Arispe che gioca nel '24 e nel '28 sembra avere qualcosa in più di Mascheroni, il terzino metodista del '30. Sulla linea dei mediani, Andrade tocca l'apice del suo rendimento a Parigi, si disimpegna egregiamente ad Amsterdam mentre le cronache dell'epoca lo danno più in affanno a Montevideo. Fernandez e Gestido, titolari dei ruoli di centromediano e mediano sinistro nel '28 e nel '30, appaiono un gradino sopra ai "parigini" Vidal e Ghierra.

Tra gli interni, Cea vive il suo momento d'oro nel Mondiale casalingo, mentre la stella di Scarone splende in modo particolare ad Amsterdam, dopo una comunque straordinaria Olimpiade francese, mentre nel '30, a 32 anni, è un po' declinante (anche se disputa una grande finale). Non c'è partita sulle ali e nemmeno al centro dell'attacco: Dorado, Anselmo e Iriarte, che sono i titolari di Montevideo, non valgono le altre due versioni, soprattutto quella del 1924, con il formidabile Romano sull'out di sinistra e il cannoniere Petrone, uno dei migliori numeri nove al mondo in quegli anni, in mezzo all'area.

Più complicato, invece, stabilire se l'Uruguay più forte sia quello di Parigi o quello di Amsterdam. A livello di singoli, anche da quanto appena letto, forse quello del '24 si fa preferire in attacco, mentre quello del '28 è superiore in difesa.

Vittorio Pozzo, che guida l'Italia alle Olimpiadi del '24, segue da giornalista la spedizione azzurra nel '28 e dunque ha visto quelle nazionali all'opera, prova a dirimere la questione: «Quando si esamina il lavoro degli uruguayani ad Amsterdam e lo si confronta con quello eseguito a Parigi, una considerazione è doveroso anteporre. Il compito fu in Olanda ben più difficile che in Francia. Nel 1924, i calciatori di Montevideo dovettero, per conquistare il titolo, incontrare la Jugoslavia, che non aveva consistenza; gli Stati Uniti del Nord America, che erano ai loro primissimi passi, in fatto di incontri internazionali; l'Olanda, che fuori di casa perde il cinquanta per cento del proprio valore; e la Svizzera che non era a quell'epoca una squadra di strenui combattenti. Ad Amsterdam, la sorte attese al varco la squadra campione, e disseminò sulla sua via una serie di ostacoli che parevano altrettanti trabocchetti. Prima l'Olanda in casa propria, l'Olanda che organizzava il torneo e che non aveva alcun desiderio di vedersi battuta davanti al proprio pubblico e fin dalla prima prova. Poi la Germania, la squadra più temuta fra quelle presenti, l'unità dal viso arcigno e dalla preparazione di ferro, la compagine che lottava per il Reich e che non poteva perdere. Indi l'Italia, la più veloce e la più tecnica fra le rappresentanze europee convenute alle Olimpiadi, l'undici che quando è lanciato ha la capacità di debellare l'avversario più agguerrito di questo mondo. Ed infine l'Argentina, il vicino di casa, il rivale con cui una vertenza sorta sul Rio de la Plata era da risolvere. Certo che chi ricorda il torneo di Parigi, non può cancellare dalla memoria la condotta di giuoco veloce, spigliata, briosa dell'Uruguay. Là si trattava di conquistare una posizione ed un titolo. Qui invece occorreva difendere l'uno e l'altro. Questo va tenuto presente. Il comportamento dei Campioni ad Amsterdam fu quello di una squadra che giuoca con un piano tattico prestabilito, che misura le proprie forze, che studia l'avversario. L'undici faceva l'impressione di un pugilista che, più che stravincere, si preoccupasse di mantenere una guardia bassa e chiusa atta ad evitare sorprese. La prima mezz'ora di ogni incontro, veniva dedicata allo studio di colui che si trovava di fronte. La vera misura del valore dell'unità non veniva data che nella ripresa». Sempre Pozzo, continuando nel confronto tra i due Uruguay, sottolinea: «A Parigi brillava di più l'individuo. Ad Amsterdam fu la squadra, nella sua compattezza, nella sua coesione, nella sua saldezza granitica, che si impose, la squadra che è giunta a quel livello di efficacia, in cui il singolo scompare per amor dell'assieme».

Sembra quindi corretto affermare che l'Uruguay conquista

l'oro a Parigi puntando di più sui singoli, sulle qualità tecniche e sulla brillantezza di manovra. Ad Amsterdam, invece, fa leva principalmente sulla tattica, sull'esperienza e sull'organizzazione. Sicuramente i campioni sudamericani, avendo già vinto, giungono in Olanda più forti mentalmente e più consapevoli dei propri mezzi. È un po' quello che succede all'Italia allenata proprio da Pozzo: la squadra del Mondiale '34 ha maggior talento individuale, ma quella del '38 in Francia è più squadra, è più matura, e arriva al titolo senza beneficiare dei favori arbitrali di quattro anni prima, ma anzi dovendo superare un clima di forte ostilità a causa della politica del regime fascista, che di sicuro, al di là delle Alpi, non aveva fatto grandi proseliti.

PARIGI 1924

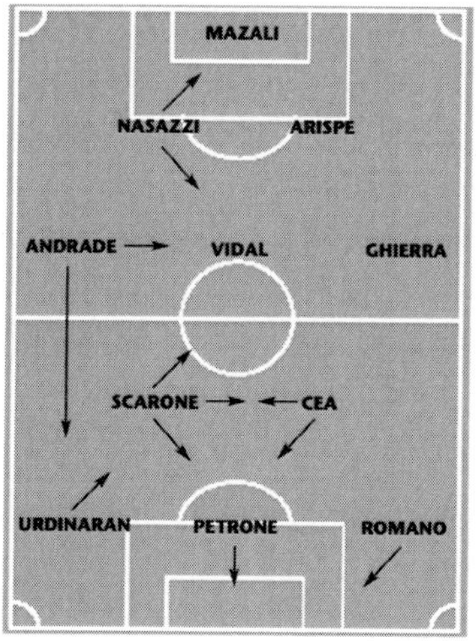

AMSTERDAM 1928

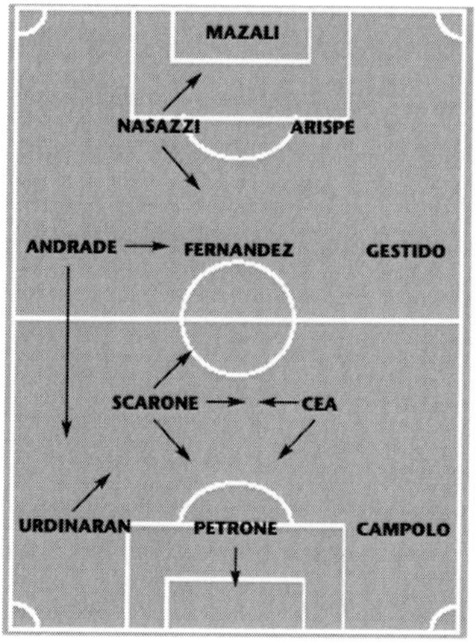

MONTEVIDEO 1930

PARTE SESTA

I PROTAGONISTI

La copertina di un giornale celebra le gesta del "Mago"

Un primo piano di Scarone

Lo spazio dedicato al fuoriclasse della Celeste al Museo del Calcio di Montevideo

Hector Scarone: il mito tra i miti

Quel "no" al Barça che lo rende Leggenda

Il lettore immagini la seguente scena: Leo Messi (o Cristiano Ronaldo, se preferisce) che rifiuta il contratto più ricco della sua carriera solo perché, se accettasse, dovrebbe dire addio a un sogno. Un'ipotesi che non sembra davvero credibile nel calcio di oggi, sport sempre più in mano al dio business e sommo fagocitatore del romanticismo. Più di 90 anni fa, però, in un *futbol* che ancora viveva di pura gloria sportiva e di disincantato attaccamento alla bandiera, questo è successo davvero. Il più forte calciatore del mondo che dice no a una montagna di soldi semplicemente perché lui in testa ha un desiderio più grande, un desiderio che tutto il denaro della Terra non può comprare.

Siamo a Barcellona, nel 1926. Qualche mese prima, il Barça - che già ai tempi è particolarmente abile nello scovare i talenti migliori - ingaggia Hector Scarone, il numero uno del pianeta, il primo calciatore capace di sfondare i confini della propria patria e del proprio continente per diventare un fenomeno globale. La notizia viene data in pompa magna dai giornali spagnoli e ancora oggi su YouTube si trova un video che mostra uno Scarone sorridente mentre posa con la maglia blaugrana. I dirigenti del club si erano invaghiti di lui grazie alla "Gira de 1925", una tournée europea che il Nacional Montevideo aveva affrontato in Europa da marzo ad agosto di quell'anno. Il Nacional all'epoca è la formazione di club più forte del Sudamerica e probabilmente del mondo. Ci giocano diversi assi della nazionale uruguaiana che in quel decennio vince tutto: da Scarone a Petrone, da Urdinaran ad Andrade, da Mazali a Castro. E per l'occasione partecipano al tour anche altri elementi di assoluto valore, come Cea, Borjas, Nasazzi, "prestati" dai loro club. Una corazzata. Che nonostante sia lontana migliaia di chilometri da casa e giochi in condizioni ambientali diverse da quelle a cui è abituata, regala spettacoli in serie da restare a bocca aperta. Disputa 38 incontri, sfidando alcune squadre tra le più quotate del continente, e chiude con un bilancio eccezionale: 26 vittorie, 7 pareggi e appena 5 sconfitte, 130 gol fatti e 30 subiti. Il giocatore che impressiona più di tutti è Scarone: realizza 29 reti, come nessun altro, e infiamma il pubblico europeo con giocate di un'eleganza e uno stile che non hanno prezzo. Una di queste 38 partite si gioca a Les Corts, tana del Barcellona prima dell'inaugurazione del Camp Nou nel 1957. Davanti a ben 50mila spettatori, Scarone è il migliore in campo e segna uno dei due gol con cui il Nacional rimonta dallo 0-2, fissando il punteggio sul definitivo 2-2. La sua prestazione non passa inosservata e, al termine della tournée, i vertici del Barça convincono Scarone a restare in Spagna. Il 1926 si rivela per la società un anno trionfale, con il successo nel campionato catalano e soprattutto nella Coppa del Re, all'epoca la più importante competizione calcistica del Paese, visto che la Liga ancora non esiste (sarà creata due anni dopo, nel 1928-1929). Scarone però disputa solo 18 partite amichevoli, lasciando comunque intravedere un potenziale tecnico devastante e realizzando 19 reti. La rivista *Futbol Asociacion* sottolinea: «Scarone è un calciatore completo, dalle eccezionali facoltà e dalla raffinata comprensione del gioco, capace all'occorrenza di muoversi anche da centromediano metodista. Il Barcellona ha ingaggiato un grande elemento». Anche la dirigenza non ha dubbi e intende mettere il giocatore sotto contratto subito, prima che ci pensino altri, in Spagna (vedi Real Madrid) o in Europa. E per evitare qualsiasi rischio, occorre siglare un accordo sostanzioso e che possa vincolare il ragazzo per più stagioni: in pratica, un contratto da calciatore professionista, uno dei primi a livello mondiale. I tifosi già si fregano le mani, pregustando una linea offensiva che non pare davvero avere eguali sul piano internazionale: Scarone da un lato, il grande idolo di casa Josep Samitier dall'altro e il filippino naturalizzato spagnolo Paulino Alcantara al centro. È il presidente del Barcellona, Arcadi Balaguer, a condurre in prima persona la trattativa e a presentare al campione di Montevideo l'offerta: 50mila pesos e un contratto di cinque anni, oltre a una base di 1500 pesetas al mese, il più pagato della rosa, più di stelle come Samitier e il portiere ungherese Franz Platko. Per rendere l'idea, all'epoca un calciatore medio in Spagna percepisce uno stipendio di meno di 500 pesetas, mentre il salario di un muratore oscilla tra 10 e 14 pesetas. Sono i primi vagiti del professionismo, che troveranno piena realizzazione nel calcio spagnolo quattro anni più tardi, quando il portiere Ricardo Zamora, detto "il Divino", si trasferisce si trasferisce dall'Espanyol al Real Madrid per la cifra disumana di 150mila pesetas e oltre 3mila al mese, operazione che porta il re Alfonso XIII a commentare, stizzito: «Questo Zamora guadagnerà più di un ministro (che ai tempi prende uno stipendio di circa mille pesetas) e di conseguenza il calcio diventerà una roba da professionisti».

Scarone avrebbe potuto essere il precursore di Zamora. Avrebbe potuto, il verbo è e rimane al condizionale. Perché - incredibilmente - dice no a quell'offerta da capogiro, a quell'ingaggio fantascientifico che avrebbe consentito a lui e alla sua famiglia di vivere un'esistenza da favola, con tutti i vizi e il lusso del caso, in una delle città più belle e affascinanti d'Europa. Dice no perché il suo cuore e la sua mente sono concentrati su un altro traguardo e per poterlo tagliare deve rimanere un dilettante. Questo traguardo sono i Giochi Olimpici. Li ha già vinti, nel 1924 a Parigi. E ad Amsterdam nel 1928 non vuole mancare. «Ho dovuto declinare la proposta del Barcellona a malincuore» dirà in seguito «perché se avessi accettato, sarei diventato un professionista e non avrei potuto prendere parte alle Olimpiadi, aperte solo ed esclusivamente ad atleti dilettanti. Le Olimpiadi sono sempre state la mia vita: rinunciarci sarebbe stato come morire». Voci di corridoio parlano anche di incomprensioni tra Scarone e Samitier, leader e anima del Barça, ma il catalano preciserà: «Scarone era un giocatore fantastico, ha lasciato la Spagna solo per motivi personali».

Prima però di tornare a Montevideo per ricominciare a giocare con l'amato Nacional e riprendere - essendo un dilettante - l'abituale lavoro di postino, i dirigenti del Barça vogliono omaggiare il campione sudamericano con un dono: un diamante di pietre preziose, al cui interno è incastonato il logo del club azulgrana. Un cimelio che Scarone conserverà per tutta la vita, in una sala trofei che pochissimi fuoriclasse, nella storia del calcio mondiale, possono vantare. Ci limitiamo a elencare i titoli più importanti: 8 scudetti con il Nacional, una Coppa del Re, 4 Coppe America, un Mondiale. E poi due ori olimpici, di cui il secondo vinto grazie a un suo gol nella finale contro l'Argentina, un oro nato da quel "no" al Barcellona, che gli ha impedito di diventare uno dei calciatori più ricchi al mondo, ma lo ha proiettato direttamente nell'alveo del mito.

Un fenomeno di precocità, un fenomeno nei numeri

Ma chi è davvero Hector Scarone? La risposta è semplice: un fenomeno. È un peccato che la sua figura sia oggi un po' finita nel dimenticatoio, complice l'assenza della televisione o il fatto che abbia giocato in un'epoca remota. Ed è un peccato che il pubblico italiano non se lo gusti all'apice, visto che quando arriva nel "Belpaese", un anno all'Inter e due al Palermo, ha 33 anni e una serie di malanni fisici che accelerano un inevitabile declino.

A tratti regala comunque spettacolo, come quando segna due gol alla Lazio nonostante una ferita in testa o uno al Genoa dopo una serpentina partendo da metà campo. La classe è sempre nitidissima, il dinamismo e la fame di risultati un po' meno.

Analizzando nel dettaglio la sua carriera - non solo per i titoli vinti - ci si rende conto immediatamente di trovarsi davanti a un giocatore non comune, a un genio di caratura straordinaria. Nessuno è probabilmente entrato nel cuore degli uruguaiani come lui. Nè Josè Leandro Andrade, il geniale artista bohémien, né i "caudillos" Josè Nasazzi e Obdulio Varela, anime e simboli della *garra charrua*. E nemmeno Juan Alberto Schiaffino, l'impareggiabile fuoriclasse del titolo iridato del '50 venuto poi in Italia a fare grande il Milan. Lo dimostra anche il Mondiale del '30: quando si viene a sapere che non sarebbe sceso in campo nel match inaugurale contro il Perù, i tifosi sugli spalti iniziano a rumoreggiare e lamentarsi, quasi pentiti di aver acquistato il biglietto. Il divertimento e lo spettacolo sono ciò che la gente chiede e pretende, perché il calcio - anche all'epoca - è una valvola di sfogo per dimenticare le pene della quotidianità e vivere un paio d'ore in assoluta e totale rilassatezza. E non c'è nessuno che può dare agli uruguaiani tutto questo come Hector Scarone. Le cronache del tempo lo dipingono come un calciatore completo e formidabile: destro, sinistro, portentoso nei colpi di testa, infallibile sulle punizioni e sui calci di rigore, regale uomo assist, stupefacente cannoniere. Un talento naturale che si nutre di pane e calcio fin da piccolissimo: papà Giuseppe, emigrato a Montevideo da Savona per lavorare nelle ferrovie, è uno dei più accaniti tifosi del Peñarol e tutte le settimane porta in treno i figli, Carlos e Hector, a seguire le partite dei gialloneri. Normale che la passione del padre contagi presto i due bambini. Carlos, di dieci anni più vecchio, non impiega molto a passare dalle tribune al campo: attaccante che abbina tecnica e potenza, si fa luce nel River Plate di Montevideo, poi nel 1909 passa proprio al Peñarol, per la gioia indescrivibile di papà. Ma l'idillio dura poco: l'anno dopo Carlos emigra in Argentina, al Boca Juniors, e quando rientra in Uruguay non è per giocare nel Peñarol, ma nell'odiato Nacional. Si narra che papà Giuseppe, appresa la notizia, vada su tutte le furie e al primo derby si presenti sugli spalti carico come una molla, rovesciando sul povero figliolo ogni genere di insulti. Carlos Scarone rimane al Nacional per 13 stagioni, fino alla fine della sua carriera, e nel frattempo fa da chioccia al fratellino. Alla faccia del fratellino: Hector Scarone a 14 anni è già un assoluto fenomeno. Dallo Sportsman si trasferisce anche lui al Nacional - e ci manca poco che a papà Giuseppe non venga un infarto - a 17 è già titolare in prima squadra, a neanche 19 è in nazionale.

L'avvento del giovane Hector sulla scena calcistica è un uragano che travolge e rimescola le coordinate tecniche fino ad allora conosciute: con lui sulla tolda di comando, il Nacional - che alla morte non a caso gli intitola la curva dello stadio - e l'Uruguay si trasformano nelle stelle polari del *futbol* sudamericano e mondiale. Il suo controllo di palla e la sua tecnica di base sono talmente perfetti, che fioriscono leggende su come riesca ad affinarli: si racconta che per migliorare la precisione del tiro colpisca bottiglie distanti 30 metri e sia in grado di infilare il pallone in un sombrero, appeso a un albero o ai pali delle porte. C'è sempre la ressa, fuori dallo stadio, quando lui è in campo. Gli uruguaiani lo amano e iniziano a chiamarlo con svariati soprannomi: diventa "il Mago", poi "el mejor jugador del mundo", quindi "il Gardel del calcio". Sfruttando il suo status di idolo delle folle, Scarone cede naturalmente al fascino della bella vita e questo - unito a un carattere un po' altezzoso e a volte non facile da gestire - gli vale nel corso degli anni un altro nomignolo: la "Borelli", con riferimento a Lyda Borelli, attrice e diva del cinema muto italiano.

Ma se fuori dal rettangolo di gioco il suo comportamento non è sempre irreprensibile - anche se, intendiamoci, nulla a che vedere con gli eccessi del compagno e amico Andrade - in campo raramente si tira indietro. Anzi: la sua continuità ai vertici è disarmante, soprattutto se pensiamo che quella è un'epoca in cui i calciatori non seguono diete rigorose né rigide tabelle di allenamento e in cui la cura del corpo, anche di quello degli sportivi, è molto lasciata al caso. Scarone è un'eccezione. Una straordinaria eccezione. Nel 1917 è già il faro dell'Uruguay che vince la Coppa America. Nel 1930, tredici anni dopo, lui è ancora lì, a guidare i suoi in quel magico secondo tempo nella finale mondiale contro l'Argentina. È una meravigliosa costante, il tutto mentre intorno cambiano compagni e avversari. Comincia a giocare con Zibechi, Porte e Piendibene, domina il mondo con Nasazzi e Andrade e tiene a battesimo la nuova generazione di giocatori uruguaiani degli anni Trenta. Quando si presenta sulla scena internazionale, i suoi rivali in Sudamerica sono Friedenreich e Ohaco, poi si trova a duellare con Seoane e Libonatti, quindi con Orsi e Ferreira. E fa ancora in tempo per dare qualche consiglio utile a Meazza, il suo grande erede sulla scena calcistica mondiale, che rispetto a Ohaco, per dire, è nato 21 anni più tardi. Insomma, quando si cita Scarone, si parla di un campionissimo che spalma la sua carriera su un lasso di tempo che parte alla fine della Prima Guerra Mondiale e termina quando cominciano a spirare, nefasti, i venti della Seconda, visto che il suo ritiro avviene nel 1939, quando di anni ne ha 41. Anzi: capita addirittura che nel 1953, alla veneranda età di 55, scenda ancora in campo con il Nacional per una partita di campionato, stabilendo un record difficilmente eguagliabile. Come difficilmente eguagliabile è la sua precisione sui calci di rigore: secondo alcune fonti, Scarone in carriera non ne ha mai sbagliato uno. Molti portieri tentano, nel corso degli anni, di coglierlo in fallo. Inutilmente. Poi, nel 1939, il 22enne estremo difensore del Liverpool Montevideo ha un'idea e sfida il vecchio campione prossimo all'addio a batterlo dieci volte dal dischetto. Il 22enne in questione non è uno qualsiasi, ma Roque Maspoli, futuro campione del mondo con la Celeste nel 1950. Il singolare duello va in scena sul campo del Bella Vista, davanti a un buon numero di spettatori curiosi, tra i quali pare faccia capolino anche Obdulio Varela, all'epoca calciatore del Montevideo Wanderers. Bene, su dieci tentativi, il 41enne Scarone batte il 22enne Maspoli dieci volte.

Ma oltre alla longevità, alle vittorie, alle qualità tecniche e ai racconti, ci sono anche i numeri che certificano la grandezza di "El Mago", dalle 301 reti in 369 partite nel Nacional (con cinque titoli di capo-cannoniere del campionato uruguagio) alle 31 in 52 incontri ufficiali con la maglia della nazionale. Un primato, questo, che resiste per ben 81 anni, un'enormità, prima che nella Coppa America del 2011 ci pensi Forlan a superarlo: l'ex Atletico Madrid, però, pur essendo un attaccante puro, ci arriva in 82 partite, ben 30 in più di Scarone. Più recentemente, anche Edinson Cavani e Luis Suarez sono riusciti a sfondare quota 31. Ma persino loro, due che con la porta avversaria hanno un certo feeling, hanno avuto bisogno di molte più presenze per valicare quella soglia: 62 per il fromboliere del Barcellona (10 in più di Scarone) e 81 per la stella del Psg (+29).

Come Meazza, Platini e Cristiano Ronaldo?

La domanda che a questo punto potrebbe sorgere spontanea è: come e dove collocare storicamente questo portentoso fuoriclasse? I paragoni e le classifiche tra epoche diverse sono per natura impossibili, sconfinano non solo nella soggettività ma anche nella follia, però è innegabile che solletichino la fantasia dei tifosi e rappresentino il sale nei dibattiti degli addetti ai lavori. Un'ulteriore difficoltà deriva dal fatto che non è possibile reperire video di partite di Scarone, considerando che i primi incontri interi visionabili e accessibili in rete risalgono ai tempi della Grande Ungheria all'inizio degli anni '50. La sua grandezza e il suo valore sono così percepibili solo attraverso le letture di libri o articoli e le testimonianze di chi lo ha ammirato dal vivo.

Testimonianze autorevoli e che fanno comprendere, più di tante spiegazioni, il peso storico di questo immenso fuoriclasse. «Da dove deriva la grandezza di Scarone?» si chiedono Fabio Castiglioni e Julio Cesar Vieytes, storici del calcio uruguaiano. «Per prima cosa, dal suo dominio assoluto di tutti i fondamentali del gioco. Era agile e veloce, perfettamente ambidestro e dribblava magistralmente. Tirava con forza e dava al pallone traiettorie sorprendenti. Era formidabile nei passaggi e temibilissimo nel gioco aereo, nonostante la bassa statura. Infallibile sui rigori, calciava i corner e le punizioni in modo fantastico. La precisione dei suoi tiri divenne leggendaria». Lo scrittore Eduardo Galeano tratteggia con il suo inconfondibile stile le qualità del numero 8 del Nacional e della Celeste: «Hector Scarone donava passaggi come offerte votive e segnava gol con un mira che affinava negli allenamenti facendo volteggiare bottiglie da trenta metri. E malgrado fosse decisamente basso di statura, nel gioco aereo li uccellava tutti. Scarone sapeva galleggiare nell'aria, violando la legge di gravità: quando saltava a caccia del pallone, lassù in cima si staccava dai suoi avversari con una giravolta che lo lasciava con la fronte rivolta alla porta, ed era allora che incornava in gol. Lo chiamavano El Mago, perché tirava fuori i gol dal cilindro e anche El Gardel del *futbol*, perché giocando cantava come nessun altro».

Meno letteraria, ma altrettanto significativa, l'opinione di Luisito Monti. Il centromediano italo-argentino, in oltre un ventennio, affronta i migliori attaccanti e le migliori mezzali del mondo, prima in Sudamerica e poi in Europa, eppure non ha dubbi su chi sia il più pericoloso: «Di tutti i giocatori incontrati nel corso della mia lunghissima carriera, il solo che non mi faceva dormire la notte era Hector Scarone». L'idea di Monti riflette quella di una nazione intera: abbiamo letto in precedenza come gli argentini tutti - tifosi, giocatori, giornalisti - ritengano Scarone il più forte dei loro avversari nonché, probabilmente, il solo uruguaiano degno della massima stima.

Lo stesso succede in Europa, dove il leggendario portiere spagnolo Ricardo Zamora definisce il campione sudamericano come «il vero simbolo del calcio, il giocatore più forte della nostra epoca». Parole sottoscritte da Giuseppe Meazza, compagno di squadra di Scarone nel 1931-1932. «Venne all'Inter a 33 anni» dice "il Peppìn", «ma era ancora il migliore al mondo. Faceva cose che noi altri potevamo soltanto immaginare. Non oso neppure pensare cosa dovesse essere dieci anni prima, quando era al meglio della forma fisica e tecnica. Sinceramente, nel corso della mia carriera, ho affrontato tanti avversari e veduto tanti giocatori, ma per me Hector Scarone rimane il più forte di tutti». Un'investitura in piena regola.

Sciolto quindi il dubbio sul fatto che si tratti di un fuoriclasse epocale, bisogna ora capire in quale posizione inserirlo. La maggioranza dei critici individua in Pelè, Alfredo Di Stefano e Diego Armando Maradona una sorta di sacra triade del *futbol*, a cui potrebbe aggiungersi a fine carriera Lionel Messi, se saprà consacrarsi anche in nazionale.

Ferenc Puskas e Johan Cruijff sono stati a mio avviso i due massimi giocatori europei, un'idea condivisa da numerosi addetti ai lavori, tra i quali gli storici inglesi Brian Glanville e Jonathan Wilson e l'ex guru del Manchester United Alex Ferguson.

È un'impresa misurare il livello di calciatori che non si sono visti, però un gradino sotto a questi collocherei proprio Hector Scarone e Giuseppe Meazza, l'altro "crack" dell'anteguerra, simbolo del ciclo d'oro del calcio italiano. E sul loro stesso piano metterei Franz Beckenbauer e Michel Platini, due fuoriclasse di squisita raffinatezza stilistica, e Cristiano Ronaldo, famelico fenomeno dell'era contemporanea, che non ha la medesima capacità inventiva, ma sta firmando una carriera leggendaria in termini di longevità, mentalità vincente, numeri individuali e numeri di squadra.

È probabile che pure qualcun altro meriti di sedersi a questo tavolo. Pensiamo, dagli anni '50 in avanti, a Juan Alberto Schiaffino, Garrincha, Bobby Charlton, Eusebio, Marco Van Basten, Zinedine Zidane. Tutti geni capaci di scrivere indelebili pagine di *futbol* sul piano internazionale. Una lista che ogni appassionato può ovviamente modificare, inserendo nomi diversi in base ai propri gusti e ai propri parametri. Il calcio è materia opinabile e la sola verità, quando si tentano confronti tra epoche così distanti, è che non esiste una sola verità.

Se è impossibile classificare con certezza Scarone e Meazza, risulta ancora più difficile valutare quei fuoriclasse protagonisti durante e appena dopo la Seconda Guerra Mondiale, quando i confronti tra Paesi e scuole diverse erano limitati o addirittura totalmente assenti: in questo caso, oltre all'insufficienza di adeguati supporti video, manca anche una ribalta internazionale all'altezza. Valentino Mazzola, capitano del Grande Torino, secondo le cronache il più completo calciatore italiano di sempre, il solo in grado di rivaleggiare in bravura con Meazza, ha giocato la miseria di 12 partite in maglia azzurra. Un po' meglio è andata ai sudamericani, visto che il loro continente non fu coinvolto nel conflitto e la Coppa America venne disputata regolarmente: gli argentini Adolfo Pedernera, maestro di Di Stefano, e Josè Manuel Moreno, una sorta di Maradona ante litteram, ne vinsero due a testa e divennero stelle assolute di quegli anni alla guida dell'inarrivabile *River Plate de La Maquina*, che anticipò diversi concetti del calcio moderno, dal movimento senza palla all'occupazione degli spazi.

Sarebbe dunque ingiusto e ingeneroso dimenticarsi o sottovalutare questi campionissimi della prima metà del secolo solamente perché non hanno avuto a disposizione la tv. Come ricorda, in modo piuttosto poetico, ma efficace, il giornalista Stefano Olivari «Giulio Cesare è esistito, così come Alessandro Magno, Leonardo Da Vinci, Rembrandt, Beethoven, Dostoevskij. Ognuno nel suo campo ha fatto qualcosa, anche senza telecamere: come Scarone».

Scarone che, tra l'altro, può ricordare gli assi prima menzionati per alcune caratteristiche: Meazza per la scaltrezza; Van Basten per il colpo di testa e le doti acrobatiche; Zidane per il dominio del gioco; Cristiano Ronaldo per la continuità; Eusebio per il talento naturale. Anche se forse il giocatore che più gli assomiglia è Platini. Il fuoriclasse francese è avvicinabile a quello della Celeste per la creatività negli ultimi 30 metri; per la favolosa bravura sui calci piazzati e pure per una certa indolenza. Perché di Scarone si legge che a volte avesse la tendenza a impegnarsi il giusto, senza sforzarsi troppo, ed è la stessa sensazione che ho ricavato a tratti nel vedere all'opera *Le Roi*. Dettagli, ad ogni modo, che non scalfiscono la mia considerazione per l'ex numero 10 della Juventus, uno dei giocatori che è stato più capace di entusiasmarmi e farmi capire che il calcio sa regalare emozioni indimenticabili. Le stesse emozioni che provavano gli uruguaiani quando vedevano all'opera Scarone. Non è un caso che quando muoia, il 4 aprile 1967 all'età di 69 anni, ai funerali partecipi una folla oceanica: tutti vogliono salutare per l'ultima volta l'uomo che più di chiunque altro è entrato nel cuore di un intero popolo, permettendo al piccolo Uruguay di diventare così grande.

HECTOR SCARONE IN CIFRE

Nato a Montevideo il 26 novembre 1898
Morto a Montevideo il 4 aprile 1967
Soprannomi: El Rasquetita, il Mago, il Gardel del calcio, El Mejor Jugador del Mundo, La Borelli, Garibaldi.

Carriera nei club

Squadre di appartenenza: Nacional Montevideo (1916-1926), Barcellona (1926), Nacional Montevideo (1927-1931), Ambrosiana-Inter (1931-1932), Palermo (1932-1934), Nacional Montevideo (1934-1939).
Presenze e reti: Nacional Montevideo 369 partite, 301 gol; Barcellona: 18 presenze, 19 gol; Ambrosiana-Inter: 14 partite, 7 gol; Palermo 56 presenze, 13 gol.
Titoli vinti: 8 campionati uruguaiani, 1 coppa di Spagna, 1 coppa de Honor, 3 coppe Rio de La Plata.

Carriera in Nazionale

Presenze e reti: 52 presenze, 31 gol.
Titoli vinti: 4 Coppe America (1917, 1923, 1924, 1926), 2 ori olimpici (1924, 1928), 1 Mondiale (1930).

Josè Leandro Andrade

Josè Leandro Andrade: il genio degli eccessi

Il volo del gabbiano

Nel 1830 l'Uruguay ottiene l'indipendenza, ma non la pace: al suo interno si creano due fazioni che hanno modi opposti di concepire il potere e il governo dello stato. Il primo presidente è Josè Fructuoso Rivera, leader del partito liberale e democratico dei Colorados. Il suo successore, Manuel Oribe dei Blancos, vuole invece imporre un regime militare. Per questo, si allea con il dittatore argentino Manuel Rosas e dichiara guerra al rivale. Non sarà una guerra come le altre, ma "la Guerra Grande", come viene chiamata semplicemente dagli uruguaiani. Dopo una fase iniziale favorevole ai Blancos, i Colorados riescono a prevalere grazie all'intervento di Josè de Urquiza, governatore della provincia argentina di Entre Rios, che nel 1851 sconfigge le truppe di Rosas. Ma la battaglia che rovescia le sorti del conflitto si svolge cinque anni prima, nel 1846, a Salto. I Colorados, in numero decisamente inferiore, vengono clamorosamente guidati alla vittoria dal genio militare di un 39enne generale originario di Nizza, che nel 1843 aveva formato una legione di volontari italiani in aiuto a Rivera. Il suo nome è Giuseppe Garibaldi. Salto, che si trova nel nord-ovest del Paese, al confine con l'Argentina, diventa così una sorta di simbolo della lotta per la libertà. Quella libertà che è straordinariamente esemplificata dal monumento che si trova all'ingresso della città. Il nome dice già tutto: "La Porta della Sapienza". La sapienza di chi ha visto lungo, pensando all'Uruguay come a uno stato aperto e democratico in netto anticipo sui tempi. La forma ricorda le ali di un uccello, da qui il soprannome "il gabbiano", animale dal volo leggero e dallo spirito libero.

Forse non è un caso che un giocatore come Josè Leandro Andrade venga al mondo in un luogo come questo. Perché anche lui ha sempre rifiutato le etichette precostituite, le regole preconfezionate. Si è staccato da terra per volare da solo nel grande cielo della vita fin dalla giovane età, scegliendo una strada che fosse solo sua, conducendo un'esistenza spesso al limite, però fieramente indipendente e lontana da qualsivoglia compromesso. Di tutti i giocatori della Celeste, Andrade è il solo a cui viene concessa qualsiasi cosa. Donne e alcol, locali notturni e balli sfrenati. Forzando il paragone con il grande Brasile di fine anni '50 e dei primi anni '60, se Scarone è una sorta di Pelè ante litteram - calciatore perfetto, completo, vincente, leader tecnico per antonomasia, baciato da una grazia calcistica dalla nascita - Andrade è una specie di Garrincha - genio maledetto, fuori dagli schemi, matto e incosciente, irriverente e irrispettoso, incapace di gestire compiutamente e completamente l'immane talento che il dio del *futbol* gli ha messo a disposizione. Andrade è un dandy, un bohémien, un viveur prestato allo sport.

E la sua storia non può che uscire dai razionali canoni dell'ordinario fin dal principio. La mamma, Anastacia, è argentina. Il padre è uno sciamano di origine africana, si dice pratichi la magia nera e prima di morire regala al figlio un unguento ritenuto miracoloso da spalmare sotto i piedi quando gioca. Josè Leandro, nato nel 1901, si trasferisce presto a Montevideo, attratto forse dai ritmi del candombe, ma sicuramente dalla necessità di cercarsi un lavoro per sopravvivere. Finisce nel Barrio Palermo, il quartiere della comunità afro-americana, a lustrare scarpe e vendere giornali. Ha un dono naturale per la musica: diventa presto una vedette del carnevale, poiché canta, suona e balla in modo celestiale. Ma ha un dono naturale anche per il calcio: gli emissari del piccolo club del Miramar Misiones lo notano nei brulli campetti di periferia, dove prende a calci, scalzo, un pallone di stracci. Ha un tocco morbido e vellutato, un dribbling secco e pungente e soprattutto una forza fisica spaventosa.

Viene subito inserito nelle giovanili, ma nel 1920 entra a far parte del neonato club del Bella Vista, con cui nel 1922 ottiene la promozione nella massima divisione uruguaiana. Suo compagno di club è Josè Nasazzi, il leader carismatico della Celeste, che lo segnala ai vertici della federazione e ne favorisce la convocazione in nazionale. È il 1923. Per Andrade la strada verso la gloria è in discesa. In coppia con Nasazzi trascina il Bella Vista al terzo posto in campionato, dietro a Nacional e Rampla Juniors, e addirittura al secondo l'anno successivo, preceduto dal solito Nacional, squadra che in quel periodo è davvero una spanna sopra a tutti. E proprio i *Tricolores* nel 1925 riescono a strappare al Bella Vista quel possente atleta di colore alto 1,80 - per i tempi è davvero tantissimo - che non sembra conoscere la fatica.

Le Olimpiadi di Parigi, il punto più alto

Di Andrade e della sua favolosa Olimpiade parigina - dentro e fuori dal campo - ne abbiamo già parlato ampiamente nel capitolo dedicato ai Giochi del '24. Quella competizione rappresenta per lui una sorta di punto di non ritorno: arriva in Europa da normale 23enne che scopre il mondo con curiosità per la prima volta. Dopo quell'estate non è più lo stesso. La fama e il successo lo trasformano in un divo. Nel ritiro della nazionale resta giusto il tempo di cambiarsi, lavarsi, cenare e (forse) dormire. Trascorre il resto delle giornate, diviso tra i campi di calcio - dove fa faville durante il giorno - e i locali - dove di notte dà libero sfogo agli eccessi più sfrenati. Una sera, non vedendolo rientrare, i vertici della federazione si preoccupano. «So dove trovarlo» dice loro Angel Romano, che è il suo compagno di stanza, ma è anche uno dei giocatori più esperti e saggi del gruppo. Esce in strada, si fionda in uno dei quartieri più esclusivi di Parigi e lo sorprende circondato da uno stuolo di belle ragazze, in preda ai fumi dell'alcol. Andrade è così: prendere o lasciare. Impossibile cercare di incanalarlo o dagli delle direttive. È come quando si ha un cavallo di razza, che si sa già non sottostarà mai agli ordini di scuderia. Se però il cavallo si dimostra vincente, forse allora è meglio allentargli le briglie sul collo e lasciarlo fare. La vetrina parigina rappresenta il punto più alto della sua parabola, sportiva e forse anche umana. Osannato dai tifosi, ammaliato dalle donne, incantato dalla bellezza soave e suadente della Ville Lumiere, Andrade è una delle grandi attrazioni di quei Giochi. Al termine delle partite dell'Uruguay, i giornalisti di mezzo mondo lo inseguono. Vogliono raccontare nei dettagli la sua storia, vogliono conoscere il segreto del suo successo. «Sono diventato forte» risponde, e non si sa se sia ingenuità o ironia, «perché a Montevideo mi sono allenato per tanti anni inseguendo le galline. Voi, in Europa, non lo fate?». Nato poverissimo, cresciuto senza la benché minima istruzione, Andrade è un uomo che dentro rimane ingenuo e spontaneo come un fanciullo, un vagabondo errante tra le montagne russe del mondo, un prototipo di quei campioni abituati sempre a vivere oltre la soglia del consentito (di quelli che, per dirla alla George Best, «hanno speso una gran quantità di soldi in donne, alcol e motori: il resto l'hanno sperperato»). Ad Andrade il dio del *futbol* ha dato in dono un talento calcistico sovrumano, ma purtroppo non gli strumenti necessari per governarlo.

Un mediano? Una mezzala? No! Un esterno a tutta fascia

Addetti ai lavori anche competenti per anni hanno frainteso la sua posizione in campo, facendolo passare per un centrocampista o addirittura una mezzala di regia. Andrade non è nulla di tutto questo. È un mediano laterale destro nel sistema di gioco che ai tempi spopola ovunque, il Metodo. Il suo compito principale consiste nel marcare l'ala sinistra avversaria. In pratica, nell'epoca moderna sarebbe un terzino. Chiaro, avendo qualità fisiche, tecniche e dinamiche di straordinario livello, Andrade non si limita a controllare il rivale diretto, ma si spinge in attacco con continuità e profitto, salendo per cercare di dare manforte all'azione offensiva e rovesciare il fronte del gioco. Non di rado, arriva al capolinea della fascia, chiedendo all'ala destra di turno (di norma Urdinaran, poi Dorado nel '30) di accentrarsi per liberargli lo spazio in corsia. Una volta giunto sul fondo, Andrade si rivela molto preciso nei cross o nei passaggi smarcanti. Diventa in pratica una sorta di ala, di attaccante aggiunto, di esterno a tutto campo, capace di sventare gol nella sua area come di proporsi con pericolosità in quella avversaria. Il primo fluidificante destro della storia del calcio, pioniere di tutti i terzini d'attacco che sono arrivati in seguito e che sono considerati dagli allenatori di oggi elementi fondamentali per trasformare le azioni da difensive a offensive. Non è un goleador (ne segna appena 40 in carriera, di cui uno solo in nazionale), ma è un perfetto uomo assist. Come caratteristiche e completezza di risorse, forse il giocatore che più gli assomiglia è Carlos Alberto Torres, lo spettacoloso terzino-ovunque del Brasile '70. Abituato in carriera a giocare in diversi ruoli e assolvere più compiti, Carlos Alberto si ritrova confinato sulla fascia, in quella torrida estate messicana, solo perché il Brasile '70 - a mio avviso una delle prime tre nazionali di tutti i tempi insieme all'Ungheria degli anni '50 e all'Olanda '74 - trabocca di abbondanza, in termine di stile individuale e armonia collettiva, in ogni zona del campo.

Andrade è dunque un precursore, ma anche un modello per i contemporanei, che restano abbagliati dal suo talento, dalla sua classe, dal suo modo così moderno di interpretare il ruolo. Dopo le Olimpiadi del 1928 ad Amsterdam, Alfredo Pitto, mediano azzurro, ricorda: «A me è rimasto nella memoria il negro Andrade. Per più di un mese non feci che parlare di lui. Era un diavolo, non un uomo. Giocava con i calzoncini imbottiti perché sul campo faceva tuffi da portiere. Infatti, per intercettare un passaggio, si gettava a terra e strisciava con i piedi in avanti e il sedere al suolo per cinque o sei metri. Palleggiava in modo sorprendente. Sarebbe stato capace di attraversare il centro di Milano, nell'ora di punta, passandosi il pallone dal piede sinistro al destro e viceversa, tra le gente che transita e le auto che corrono, senza mai farlo battere al suolo».

Peccato che quel campionissimo, così straordinariamente innovativo in campo, si sia alla fine rovinato, tradito dagli eccessi di una vita dissoluta. Ritiratosi nel 1934, va incontro a un dopo calcio infelice e complicato, in continua parabola discendente, lontano dalle luci dei riflettori, dimenticato da quei tifosi che lo avevano acclamato per tanti anni. Si rivede nel 1950, in tribuna al Maracanà, per assistere all'incredibile successo mondiale della formichina Uruguay ai danni del Brasile tronfio di boria: in campo, nell'undici della Celeste, c'è suo nipote, Victor Rodriguez Andrade. Poi sparisce di nuovo nel nulla. Sei anni dopo, un giornalista tedesco vola a Montevideo per intervistarlo. Dopo una lunga e faticosa ricerca, lo trova nei bassifondi della città, povero, alcolizzato e cieco. «Quella che vidi in Calle Perazza, in una specie di sotterraneo» scrive il giornalista nel suo articolo «fu una scena di orrore. Incontrai Andrade in un tugurio spartanamente ammobiliato. Mi disse che non poteva rispondere alle mie domande. Le risposte me le diede una bella donna, la sorella del vecchio campione olimpico». Un anno più tardi, solo, dimenticato e divorato dalla tubercolosi, Andrade se ne va per sempre. Vicino al suo letto viene ritrovata una scatola di cartone che contiene tutte le medaglie vinte quando era un idolo degli stadi, quando la sua ampia e sinuosa falcata sulla fascia apriva squarci nelle difese avversarie e gli permetteva di volare, libero e leggero come un gabbiano.

JOSÈ LEANDRO ANDRADE IN CIFRE

Nato a Salto il 20 novembre 1901
Morto a Montevideo il 5 ottobre 1957
Soprannomi: La Meraviglia Negra, l'Acrobata.

Carriera nei club

Squadre di appartenenza: Bella Vista (1921-1924), Nacional Montevideo (1925-1930), Peñarol (1931-1932), Atlanta (1933), Lanus-Talleres e Montevideo Wanderers (1934).
Presenze e reti: Bella Vista: 71 presenze, 7 gol; Nacional Montevideo: 105 presenze, 29 gol; Peñarol: 88 presenze, 3 gol; Atlanta: 1 presenza; Lanus-Talleres: 2 presenze; Montevideo Wanderers: 17 presenze.
Titoli vinti: 1 campionato uruguaiano.

Carriera in Nazionale

Presenze e reti: 34 presenze, 1 gol.
Titoli vinti: 3 Coppe America (1923, 1924, 1926), 2 ori olimpici (1924, 1928), 1 Mondiale (1930).

Josè Nasazzi

Josè Nasazzi: il condottiero supremo

Un carisma innato

Quando a Diego Lucero, storico giornalista sportivo uruguaiano scomparso nel 1995, chiedevano di Josè Nasazzi, gli brillavano gli occhi: «Possiamo dire di lui ciò che Napoleone disse per Alessandro Magno: è stato il più grande capitano della storia». Un'enfasi che fa capire bene cosa Nasazzi abbia rappresentato per il suo popolo. Il primo vero "caudillo" del calcio celeste e sudamericano. Quel giorno, il 30 luglio 1930, Lucero era là, al Centenario: un intero Paese ubriaco di gioia, in trepidante attesa che il capitano sollevasse al cielo la Coppa del Mondo. Nasazzi all'epoca ha 29 anni ed è all'apice di una meravigliosa carriera. Se Andrade è il simbolo del trionfo del '24 e Scarone lo è di quello del '28, nessun dubbio che il più continuo sul piano del rendimento, nel Mondiale casalingo del '30, sia lui. Dalla prima all'ultima partita gioca sempre ad alto livello. Un solo neo, proprio in finale: quel lancio di Monti da centrocampo che lo sorprende e permette a Stabile di realizzare il momentaneo 2-1. La sua calma nel gestire le situazioni più complicate è però la molla che consente alla Celeste di vincere le paure e fregiarsi dell'alloro iridato dopo i due olimpici.

Ci sono giocatori che incrementano il livello della propria personalità con l'esercizio e con l'esperienza. E ci sono quelli che, invece, nascono con il dono del carisma. Non hanno bisogno di alchimie particolari né di tanti giri di parole: sono sicuri di sé in ogni circostanza, riescono a controllare le emozioni e la tensione, infondono tranquillità agli altri solo a guardarli. Ecco: Josè Nasazzi è uno così. Quel dono ce l'ha nel sangue e lo sviluppa sin da giovanissimo. In più, ha fibre particolarmente resistenti e un coraggio da leone: un piccolo carro armato che non si ferma davanti a nessun pericolo. Per questo, i genitori, l'italiano Giuseppe e la spagnola Maria, lo chiamano "El Terible". Un soprannome che lo accompagna per tutta la vita, insieme a quelli, altrettanto evocativi, di "El Gran Capitan" ed "El Gran Mariscal".

Fin dalla tenera età, compagni di scuola e amici lo rispettano, lo ammirano e lo seguono, come fanno tutti i bambini del mondo quando in mezzo a loro ce n'è uno particolarmente brillante, che sa sempre cosa fare, che non ha paura dei ragazzi più grandi e nemmeno degli adulti. Quando si avvicina al calcio, nel Centro Atletico Lito, diventa subito il *lider maximo* della squadra: non è ancora maggiorenne, eppure la fascia di capitano finisce dritta sul suo braccio. Gioca terzino destro del Metodo e oltre a difendere con particolare efficacia, chiudendo i varchi con un tempismo perfetto, dà ordini e guida compagni più esperti con il piglio del capo. La debordante personalità si accompagna a un fisico da colosso di Rodi, 182 centimetri di altezza per 85 kg, misure davvero fuori norma per i parametri dell'epoca e che incutono timore e soggezione.

Dopo una stagione al Rolando Moor, nel 1922 passa al neonato Bella Vista e lo trascina dalle divisioni inferiori alla massima serie. Un anno più tardi, approda in nazionale e conquista la prima di quattro Coppe America. E pure in maglia Celeste, la sua naturale predisposizione al comando gli consente di scalare rapidamente gradini nella considerazione generale, diventando anche qui il capitano nonché l'imprescindibile punto di riferimento sul piano morale. Con l'Uruguay gioca fino al 1937, totalizzando 39 partite senza segnare reti. A livello di club, invece, dopo una lunga carriera nel Bella Vista, a 31 anni si trasferisce nel blasonato Nacional Montevideo, dove forma una coppia pazzesca con il formidabile brasiliano Domingos da Guia (forse il duo difensivo più forte dell'anteguerra), arpionando due titoli nazionali. Le 850 presenze che totalizza nel massimo campionato uruguaiano costituiscono ancora oggi un record.

Un difensore centrale eccezionale

Ma i numeri e le statistiche, come sempre nello sport, servono solo in parte per spiegare il valore di un atleta. Nasazzi è molto più di un grande condottiero. È un difensore roccioso, arcigno, insuperabile nell'uno contro uno. «Non lo passavano neppure i raggi X» racconta Eduardo Galeano. «Il campo è un imbuto, diceva, e nella bocca dell'imbuto c'è l'area. Lì, nell'area, comandava lui. Era il mulino a vento di tutta la squadra, che funzionava al ritmo delle sue grida di allerta, rimprovero o incitamento». E poi è dotato di una classe cristallina. Ha piedi educati, da centrocampista, e infatti spesso, in giovane età, viene impiegato con successo anche in mezzo al campo e persino da mezzala. Non si limita a spazzare l'area, ma esce palla al piede, a testa alta, per avviare l'azione d'attacco. In un'epoca di difensori molto ligi ai compiti di marcatura *ad personam* e timorosi, quasi spaventati, di proporre gioco sulla linea mediana, Nasazzi rappresenta una splendida eccezione. Anche lui, come Andrade, è un precursore. È il primo centrale di caratura mondiale, a tal punto che ancora oggi viene definito come uno dei «quattro grandi cavalieri difensivi del calcio sudamericano». Gli altri tre, per la cronaca, sono il cileno Elias Figueroa, l'argentino Daniel Passarella e il peruviano Hector Chumpitaz, tutti attivi negli anni '70 e dunque visionabili tuttora con i moderni strumenti informatici. Nasazzi, invece, come tutti i compagni di una generazione irripetibile, è tramandabile ai posteri solo attraverso i racconti, le letture, le testimonianze. Nessuno può dire effettivamente quanto fosse forte. Però si può affermare che nel ruolo di terzino metodista - ovvero il centrale davanti al portiere esente da compiti di marcatura diretta, una sorta di libero ante litteram - non abbia rivali, in termini di qualità individuali, portata innovativa e completezza di carriera.

La spiccata personalità che denota sul campo è la stessa che mostra anche fuori. È un tipo ambizioso e non ha paura di prendere decisioni drastiche né impopolari, come quando alla vigilia dei Giochi Olimpici del 1924 - il sogno della sua vita, esattamente come per Scarone - annuncia che non ha più alcuna intenzione di lavorare come marmista. Una volta rientrato da Parigi, cerca un impiego meglio retribuito e con orari più flessibili: lo trova al Casinò di Montevideo. Inizia da semplice impiegato. Poi, nel corso degli anni, fa carriera e, quando appende le scarpette di calciatore al chiodo, viene nominato addirittura direttore generale. Colpito da un tumore all'esofago nel 1967, l'anno dopo Nasazzi lascia per sempre questo mondo ed entra nella leggenda. Il Bella Vista gli intitola lo stadio e un'intera nazione si inchina alla classe di "El Gran Mariscal". Senza di lui e la sua portentosa carica carismatica, il mito dell'Uruguay dei "Los Invencibles" non sarebbe mai diventato possibile.

JOSÈ NASAZZI IN CIFRE

Nato a Montevideo il 24 maggio 1901
Morto a Montevideo il 17 giugno 1968
Soprannomi: El Gran Capitan, El Gran Mariscal, El Terible.

Carriera nei club

Squadre di appartenenza: Lito (1910-1920), Rolando Moor (1921), Bella Vista (1922-1932), Nacional Montevideo (1932-1938).
Titoli vinti: 2 campionati uruguaiani.

Carriera in Nazionale

Presenze e reti: 39 presenze.
Titoli vinti: 4 Coppe America (1923, 1924, 1926, 1935), 2 ori olimpici (1924, 1928), 1 Mondiale (1930).

Pedro Petrone, il bomber dei due mondi

Una vita avventurosa

«Non abbiamo problemi ad andare in gol. Basta lanciare la palla al centro per "Perucho". Ed è gol». Il ritratto, firmato da Hector Scarone, spiega perfettamente chi sia Pedro Petrone, detto l' "Artillero", il bomber principe della Celeste della *Generacion Dorada*. Prima punta classica, una delle più efficaci dell'anteguerra, fuori dal campo è un personaggio a tutto tondo. Carattere scorbutico, particolare e difficile da gestire, nella sua vicenda personale realtà e leggenda si mescolano spesso, creando un connubio di insuperabile fascino. L'anno di nascita è già avvolto nel mistero: le fonti ufficiali dicono sia venuto al mondo a Montevideo l'11 giugno 1905, ma secondo altre versioni è del 1904 e secondo altre addirittura del 1900. Sicure invece le sue origini lucane, come sicuro è il suo primo club, il Solferino, dove comincia addirittura in porta, prima di scoprire che i gol è più bravo a segnarli che a evitarli. Fisico da granatiere, velocità supersonica (si dice corra i 100 metri in 11 secondi), ha un tiro formidabile sul quale fioriscono le leggende più incredibili: tipo che faccia svenire i portieri, colpiti dalla potenza disumana delle sue conclusioni, o che sfondi le reti, un po' come Felice Levratto in Italia. Invenzioni, forse. Di certo non sono invenzioni le sue medie realizzative, spesso di più di un gol a partita, che lo portano in breve tempo dapprima al Charley e poi al fortissimo Nacional Montevideo, dove prende il posto al centro della prima linea del mito Piendibene. Logico e scontato l'approdo in nazionale, con cui instaura subito un feeling incredibile: vince le Coppe America del 1923 e del 1924 e in entrambe si laurea capo-cannoniere. Stesso ruolino ai Giochi Olimpici del '24: con 7 gol Petrone è il miglior marcatore della competizione e dà un contributo fondamentale per la conquista della medaglia d'oro. Nella "Gira de 1925", nell'amichevole giocata sul campo del Barcellona, si rompe il menisco ed è costretto a sottoporsi a un intervento chirurgico. L'infortunio, fortunatamente, non gli fa perdere scatto e pericolosità e quando torna in campo è sempre il solito stoccatore infallibile. Fino al 1929 la manovra palla a terra della Celeste, così brillante sul piano del palleggio, trova in Petrone il naturale approdo conclusivo, il terminale ideale. Ma al Mondiale 1930 uno scadimento di forma lo esclude dai titolari: gioca - male - la prima partita, contro il Perù, poi il ct Suppici lo sostituisce con Anselmo. Petrone ha solo 25 anni, ma quella è l'ultima competizione a cui prende parte in maglia Celeste: il suo spirito girovago e il suo carattere irrequieto prendono il sopravvento e lo portano a esplorare mondi diversi.

Il signore di Firenze

È il 7 agosto 1931 quando Pedro Petrone arriva a Firenze. Lo vuole, fortissimamente, il presidente Luigi Ridolfi Vay da Verrazzano, che ha mire ambiziose e per la promozione in serie A della squadra insegue il grande nome internazionale capace di conquistare il cuore dei tifosi. Petrone firma il contratto a luglio: il suo ingaggio costa alle casse del club gigliato 30mila lire con uno stipendio di 2mila al mese. Sbarca a Genova e prende il treno per Firenze. Non appena arriva alla stazione, viene accolto da un fiume di tifosi, che lo accompagnano festosi in albergo. È quella la prima immagine di una storia d'amore profonda e coinvolgente, ma anche per certi versi tormentata e finita prematuramente. Che Petrone sia un tipo sui generis è chiaro fin da subito: ha dimenticato a Montevideo le scarpe da calcio, così gira senza fortuna nei negozi della città. La Fiorentina telegrafa addirittura in Uruguay, ma il ragazzo, in visita a Bologna da Raffaele Sansone, giocatore rossoblu e amico personale, riesce finalmente a trovarne un paio

Pedro Petrone

adeguato. Durante il primo allenamento, la leggenda racconta di un suo tiro violentissimo che per errore infrange i vetri di un bar poco distante. Quando però scende in campo per l'esordio ufficiale la mira è giusta. È il 13 settembre, la Fiorentina inaugura lo stadio Giovanni Berta - futuro Artemio Franchi - con un'amichevole contro gli austriaci dell'Admira Vienna. Petrone realizza l'unico gol dell'incontro ed è l'antipasto di un'annata trionfale: in 27 partite di campionato mette a segno la bellezza di 25 reti, diventando capocannoniere della serie A insieme al bolognese Angelo Schiavio. Anche la seconda stagione sembra iniziare per il verso giusto, con gol a grappoli nelle prime giornate. L'apice viene raggiunto a gennaio, con la vittoria per 1-0 sulla Juventus, la prima nella storia della Fiorentina, grazie proprio a una sua rete. In segno di riconoscenza, il presidente Ridolfi gli regala addirittura una Fiat 508 Balilla. Una città intera è ai suoi piedi e lui si sente un divo, idolatrato dai tifosi e ammirato dai bambini. E un divo - si sa - non è disposto a molti sacrifici: così, quando l'allenatore austriaco Hermann Felsner gli chiede di spostarsi all'ala destra, Petrone rifiuta. I due litigano aspramente e Ridolfi si schiera dalla parte del tecnico. Multato e messo fuori rosa, Petrone comunica alla società di volersi recare a Bologna per andare a trovare il connazionale Francesco Occhiuzzi. In realtà, si fionda a Genova, si imbarca sul transatlantico Giulio Cesare e torna in Uruguay, dove nel Nacional vince il campionato realizzando 30 reti e concludendo poi la sua carriera. Firenze, i fiorentini e la Fiorentina, però, gli resteranno sempre nel cuore. «Sin da quando ero un modesto venditore di ortaggi» dirà, un giorno del 1964, al corrispondente da Montevideo del "Calcio Illustrato" «ho sempre sognato di poter diventare un famoso goleador e di poter possedere una scuderia ippica. Due gioie che mi sono state concesse. Grazie alla Fiorentina, soprattutto. Ah, gli anni ruggenti di Firenze. Vorrei tanto tornare a rivedere il bel sole italiano. Come era bello vivere a Firenze! Che clima! Che città! E che ambiente! Mi sentivo orgoglioso di indossare la maglia viola. A tal punto che in seguito ho voluto adottare gli stessi colori per i miei cavalli da corsa. Ogni vittoria era dedicata alla Fiorentina. Non l'ho mai dimenticata». Il dopo calcio di Petrone è poco fortunato: disperde il suo patrimonio ed è costretto a cercarsi un lavoro, prima in un albergo e poi al Casinò di Montevideo, dall'ex compagno Nasazzi. Muore il 13 dicembre 1964, in una clinica della capitale, povero e da tempo malato.

Un centravanti rivoluzionario

Quando Petrone si affaccia sul proscenio internazionale, la figura del centravanti è molto distante dai canoni della classica prima punta fisica, potente e possente. Nel Metodo degli inizi l'attaccante centrale non è un semplice finalizzatore, bensì un giocatore bravo negli uno-due palla a terra, nel creare superiorità numerica e nella rifinitura per l'inserimento degli interni. È mobile e tecnico, è elegante e sgusciante, è capace di muoversi con furbizia in area di rigore ed è pronto a sfruttare gli errori dei terzini o del centromediano per piazzare la zampata risolutiva negli ultimi metri. Tutti i più grandi centravanti veduti fino a quel momento rispondono a queste caratteristiche. Da Steve Bloomer a Imre Schlosser, da Albert Schaffer ad Artur Friedenreich, fino al già citato Josè Piendibene, talmente completo e abile nella lettura del gioco, che come abbiamo visto arretra spesso il proprio raggio di azione per agire da mezzala. A conferma che nel calcio nulla si crea e nulla si distrugge, negli ultimi decenni si è molte volte assistito a un recupero di questa tipologia di attaccante, bravo nei movimenti senza palla, negli scambi rasoterra e nella distribuzione dei passaggi.

Petrone è diverso: è alto, fisico, veloce e potente, non ha piedi raffinati, ma ha l'invidiabile capacità di farsi trovare al posto giusto nel momento giusto. E segna anche da fuori area. Una rarità. I difensori del tempo, abituati ad attaccanti propensi quasi esclusivamente alla finalizzazione ravvicinata, vanno in tilt di fronte all' "Artillero", che spesso ama scoccare i suoi dardi avvelenati dal limite o addirittura dalla trequarti. Si racconta addirittura che, in un match di campionato tra Nacional e Racing Montevideo, superi il portiere avversario Hector Macchiavello con una conclusione pazzesca da centrocampo. La grande svolta avviene per lui nel 1925, quando cambia la regola del fuorigioco. La nuova norma recita: d'ora in poi si trova in *offside* chi ha tra sé e la porta avversaria, al momento di ricevere il passaggio, non più tre giocatori ma due (portiere compreso). Una modifica che facilita gli attaccanti e il gioco in profondità. E un centravanti con l'atletismo e il dinamismo di Petrone va a nozze. Le sue medie realizzative tendono a lievitare e da pecora nera l'uruguaiano diventa il prototipo del nuovo bomber muscolare e forte fisicamente. Da Petrone in poi, accanto alla prima punta abile nel gioco palla a terra, spunta così anche la figura dell'ariete, che apre spazi e scaraventa in rete palloni di potenza e non di fioretto. In Italia due esempi celebri saranno Angelo Schiavio e Silvio Piola, entrambi campioni del mondo.

L'Uruguay è sicuramente una delle nazioni che meglio riesce ad assorbire questo cambiamento e sfruttarlo a proprio vantaggio: avendo due interni di favolosa cifra tecnica come Scarone e Cea, la squadra non incontra la benché minima difficoltà a passare da un attaccante di manovra come Piendibene a uno di sfondamento come Petrone. Anzi: Petrone diventa l'uomo della concretezza, l'arma per squarciare le difese avversarie, il terminale offensivo perfetto per finalizzare l'enorme mole di gioco che viene prodotta alle sue spalle. Grazie al suo avvento, l'Uruguay trova l'anello mancante per completare la famigerata "La Parete" e dominare la scena internazionale come non riuscirà più a fare nel corso della sua storia.

PEDRO PETRONE IN CIFRE

Nato a Montevideo l'11 maggio 1905
Morto a Montevideo il 13 dicembre 1964
Soprannomi: Perucho, l'Artillero.

Carriera nei club

Squadre di appartenenza: Solferino Montevideo (1920-1923), Charley (1923-1924), Nacional Montevideo (1924-1931), Fiorentina (1931-1933), Nacional Montevideo (1933-1934).
Presenze e reti: Charley: 7 presenze, 4 gol; Nacional Montevideo: 128 presenze, 146 gol; Fiorentina: 44 presenze, 37 gol.
Titoli vinti: 2 campionati uruguaiani.

Carriera in Nazionale

Presenze e reti: 29 presenze, 24 gol.
Titoli vinti: 2 Coppe America (1923, 1924), 2 ori olimpici (1924, 1928), 1 Mondiale (1930).

Hector Castro: il primo calciatore monco

La forza di volontà può tutto nella vita

Ha 13 anni, Hector Castro. È sdraiato in un letto d'ospedale. Fissa il soffitto della stanza dove si trova, dove gli è stato appena ricucito quell'arto spezzato. Qualche giorno prima una fresa gli ha portato via una mano, per sempre. I genitori lo avevano mandato a lavorare perché a scuola non andava per niente bene. Così gli hanno detto: di giorno, ti guadagni da vivere in segheria; quando finisci, segui i corsi serali. Hector fissa il soffitto e inizia a piangere. Piange per il dolore fisico. Piange perché ha smesso di essere un ragazzo normale. Piange perché quella maledetta fresa rischia di mandare in frantumi il suo sogno. Aveva chiesto alla vita una sola cosa: giocare a calcio e farlo nell'amato Nacional, la squadra più forte d'Uruguay. È da quando è piccolo che insegue questo traguardo, da quando ha iniziato a prendere a calci un pallone di stracci per strada, nel quartiere di Arroyo Seco dove è nato e che è uno dei più poveri di Montevideo. Ma adesso tutto è buio. Per diventare uno sportivo di alto livello, è fondamentale possedere un equilibrio perfetto. Come potrà recuperarlo, il giovane Hector, che si ritrova senza una mano e una parte del braccio?

Con un dono. Un dono che ogni uomo ha ricevuto ed è uno dei più preziosi che abbiamo perché ci fa superare gli ostacoli e ci rende alla lunga persone migliori. Si chiama forza di volontà. Hector la scopre proprio in quel momento. Fa tabula rasa nella sua mente, la libera da tutti i pensieri negativi. E comincia a ripetere a se stesso, come un mantra: «Io ce la farò. Io sarò il primo calciatore monco». E così, dopo un periodo di convalescenza, inizia ad allenarsi ogni giorno, sempre più duramente. E quando pensa di aver ritrovato un equilibrio accettabile, si presenta a un provino per il Centro Atletico Lito. Lo prendono. È la dimostrazione che il suo sogno può ancora realizzarsi. Hector non vuole più guardare al passato. È concentrato solo sul presente e sul futuro. Non ha piedi raffinatissimi, però è veloce, agilissimo, salta 60 centimetri da fermo e ha una grinta pazzesca e con quello che gli è successo è il minimo. Inoltre, è un elemento polivalente: può agire da centravanti puro, ma anche da mezzala metodista in appoggio alla punta centrale. La gente inizia a chiamarlo "El Manco", il monco, ma non è un soprannome che gli dà fastidio. Anzi: gli regala ulteriore forza per continuare la scalata, per continuare a inseguire il suo sogno. Che non è mai cambiato: Hector vuole fare il calciatore e vuole farlo nell'amato Nacional. Però preferisce partire da un club di piccole dimensioni per capire quanto è bravo. E bravo lo è davvero. Dopo un breve apprendistato nel settore giovanile, a 17 anni debutta tra i grandi. Le qualità non tardano a manifestarsi: grazie ai suoi gol, la squadra ottiene un sesto e due quinti posti. Nell'estate del 1924, quando Castro ha 20 anni e non è più un ragazzino, arriva finalmente la chiamata che aspettava da tutta la vita. Quella del Nacional Montevideo. Hector ora è un uomo felice. È davvero il primo calciatore monco.

Dall'Uruguay al mondo

Il bello però deve ancora venire: grazie alle ottime prestazioni offerte con i *Tricolores*, Castro viene convocato in nazionale. L'Uruguay di quegli anni ha molte stelle, soprattutto in attacco, ma nel 1925 Petrone, il centravanti titolare, si rompe il menisco. Ecco così che per Castro si profila la possibilità di giocare da protagonista la Coppa America dell'anno seguente in Cile.

Un'occasione che il ragazzo, il cui soprannome nel frattempo è cambiato da "El Manco" a "El Divino Manco", dato che realizza numerosi gol di pregevole fattura, sfrutta alla perfezione: segna un gol nel 3-1 al Cile, uno nel 2-0 all'Argentina e addirittura 4 nel 6-1 al Paraguay. Sei reti che gli valgono il titolo di vice capocannoniere del torneo dietro al cileno David Arellano e contribuiscono, insieme alle 5 dell'Hector più famoso, Scarone, a issare nuovamente la Celeste sul trono sudamericano. Alle Olimpiadi del 1928 gioca due partite firmando un gol contro la Germania, mentre al Mondiale 1930 segna una rete al Perù nel girone, dove scende in campo al posto dell'infortunato Scarone, e una in finale, quella del 4-2, di testa, schierato dal ct Suppici al posto di Anselmo. Non disputa una grande partita, stando alle cronache dell'epoca, ma ha il merito di farsi trovare al posto giusto nel momento giusto, piazzando il sigillo definitivo che manda letteralmente in visibilio i 100mila del Centenario. E poi, vuoi mettere? Un giocatore monco che segna un gol nella finale di un Mondiale: altro che sogno realizzato, è come toccare il cielo con un dito. Due anni dopo, Hector passa in Argentina, per una breve esperienza all'Estudiantes, poi rientra al Nacional e conclude la carriera, non prima di aver conquistato la sua seconda Coppa America, nel 1935. Si toglie parecchie soddisfazioni anche da allenatore: guida proprio il Nacional e vince 5 titoli nazionali, di cui 4 consecutivi. Nel 1959 la federazione gli affida la panchina della Celeste, ma Castro lascia dopo pochi mesi per motivi di salute. Un anno più tardi un attacco cardiaco lo porta via per sempre, a soli 55 anni. Nella storia del calcio uruguaiano, ci sono stati certamente giocatori più bravi, ma pochi sono stati così amati, perché nessuno ha avuto la stessa forza di volontà. Quella forza di volontà splendidamente sintetizzata dalla frase di Goethe: «Non è forte colui che non cade mai, ma colui che cadendo ha la forza di rialzarsi». Parole che sembrano descrivere perfettamente la vita di "El Divino Manco".

HECTOR CASTRO IN CIFRE

Nato a Montevideo il 29 novembre 1904
Morto a Montevideo il 15 settembre 1960
Soprannomi: El Manco, El Divino Manco.

Carriera nei club

Squadre di appartenenza: Centro Atletico Lito (1921-1924), Nacional Montevideo (1924-1932), Estudiantes (1932-1933), Nacional Montevideo (1933-1936).
Presenze e reti: Nacional Montevideo: 231 presenze, 145 gol.
Titoli vinti: 3 campionati uruguaiani.

Carriera in Nazionale

Presenze e reti: 25 presenze, 18 gol.
Titoli vinti: 2 Coppe America (1926, 1935), 1 oro olimpico (1928), 1 Mondiale (1930).

Hector Castro in azione

Pedro Cea: lo stacanovista basco

Dalle steli di ghiaccio alla gloria sportiva

Velocità, tecnica, potenza e grande abilità nell'ultimo passaggio. Questo è Pedro Cea. Un attaccante completo, un giocatore utilissimo, un po' meno appariscente di altri, ma che è il desiderio di ogni allenatore, perché provvisto di mentalità vincente e programmato per fare sempre la cosa giusta. Nato anche lui ad Arroyo Seco (ma secondo un'altra versione i genitori si trasferiscono in Uruguay da Redondela, in Spagna, quando lui è piccolo), di origini basche - da qui il suo storico soprannome, "El Vasco" o "El Vasquito" - Cea è un amico di Hector Castro fin dalla tenera età. Ignorano, mentre prendono a calci un pallone nelle strade polverose e negli sconnessi campetti in terra della periferia di Montevideo, che da lì a pochi anni, insieme, avrebbero dominato il mondo. Anche perché Cea, come tanti di quella generazione straordinaria, non pensa nemmeno all'inizio di fare il calciatore. La sua famiglia è poverissima e lui deve cominciare a lavorare sin da quando è un ragazzino. Trasporta in giro per la città steli di ghiaccio, che vengono poi utilizzate per preparare i gelati. E alle cinque del pomeriggio, quando finisce, non va a casa: corre a prendere il pallone e con i suoi amici del quartiere, tra cui appunto c'è anche Castro, gioca fino a sera tardi. È così che affina un bagaglio tecnico di prim'ordine, che lo porta presto nelle giovanili del Lito. Il debutto in prima squadra arriva relativamente tardi, a 22 anni. Ma Cea impiega poco a recuperare il tempo perduto: non segna molto, ma fa segnare, regala tonnellate di assist come cioccolato ai bambini golosi e diventa l'idolo dei tifosi. Con lui sulla tolda di comando, il Lito scala le gerarchie del calcio nazionale e il ragazzo si guadagna la chiamata del Nacional Montevideo per partecipare alla "Gira de

1925", il tour che consacra una volta di più la scuola uruguaiana sul suolo europeo. È oramai una stella di prima grandezza, così nel 1927 Cea lascia a malincuore il Lito - che forse non a caso nella stagione seguente retrocede - e si accasa al Bella Vista. Passa un anno e lo chiama ancora il Nacional, stavolta non per una tournée, ma per tesserarlo a tempo pieno. Con i *Tricolores*, Cea conquista due scudetti e nel 1933 è uno dei primi in Uruguay a diventare professionista. Il momento più alto della sua carriera, però, lo vive in nazionale, nell'estate del 1930.

Stella del Mondiale

Ha sempre dato il suo contributo alle vittorie della Celeste, Cea. Certo, non ha i mezzi atletici e tecnici di Andrade, la personalità di Nasazzi, la classe infinita di Scarone, l'efficacia sotto rete di Petrone. Però lui non manca mai. È essenziale, intelligente, mai scontato nelle giocate, uomo squadra e uomo spogliatoio per eccellenza. Ha conosciuto la povertà massima e non è tipo da smodati eccessi né di troppe parole. Piuttosto è un grande stacanovista, retaggio probabilmente della sua infanzia difficile. Non a caso, oltre a "El Vasco", si guadagna presto anche il soprannome di "El Peon" che in spagnolo significa fattorino.

Nelle vittorie olimpiche del '24 e del '28, come nei numerosi successi in Coppa America, è sempre un protagonista: segna quando c'è da segnare, serve assist quando c'è da servire assist, lavora dietro le quinte quando la squadra ha bisogno di una mano in fase di non possesso. Ma nel Mondiale 1930 Cea diventa all'improvviso qualcosa di più. Sveste i panni del giocatore prezioso, ma mai vero trascinatore, e diviene il primo violino dell'orchestra. In quattro incontri realizza 5 gol, lui che è tutto fuorché un cecchino, vice capocannoniere della competizione e punto di riferimento imprescindibile della linea d'attacco. Tutti ricordano la finale, dove corregge in rete da pochi passi lo stupendo assist di Scarone. Ma il suo capolavoro è la semifinale contro la Jugoslavia, in cui va a segno tre volte, una nel primo tempo per pareggiare l'iniziale vantaggio degli ospiti, e due nella ripresa, per dare maggiore sostanza al trionfo della nazionale allenata da Suppici. Nasazzi a parte, Cea è senz'altro il giocatore uruguaiano dal rendimento più costante nella manifestazione iridata. Mantiene un feeling particolare con la Celeste anche quando smette di giocare: è infatti lui l'allenatore della squadra che nel 1942 vince la Coppa America, sette anni dopo l'ultima. Persona misurata e riflessiva, dotato di viva intelligenza, dopo aver lasciato il mondo del calcio, Cea diventa un apprezzato giornalista radiofonico. Davvero niente male per uno che da piccolo, per guadagnarsi da vivere, trasportava ghiaccio nelle prime ore del mattino, coprendosi le mani con una benda per evitare che si gelassero.

Pedro Cea sui giornali dell'epoca

PEDRO CEA IN CIFRE

Nato a Montevideo il 1° settembre 1900
Morto a Montevideo l'8 settembre 1970
Soprannomi: El Vasco, El Vasquito, El Peon.

Carriera nei club
Squadre di appartenenza: Centro Atletico Lito (1922-1927), Bellavista (1928), Nacional Montevideo (1929-1935).
Presenze e reti: Nacional Montevideo: 103 presenze, 30 gol.
Titoli vinti: 2 campionati uruguaiani.

Carriera in Nazionale
Presenze e reti: 26 presenze, 13 gol.
Titoli vinti: 2 Coppe America (1923, 1924), 2 ori olimpici (1924, 1928), 1 Mondiale (1930).

Andres Mazali: il guardiano della Celeste

Un Mondiale perso per una bionda di troppo

Andres Mazali

È un vero peccato che un portiere del calibro di Andres Mazali non abbia potuto arricchire il suo palmares con l'alloro iridato. Quella scappatella notturna con una misteriosa bionda, secondo alcune versioni una delle tante ex amanti di Josè Leandro Andrade, gli costa il posto e gli impedisce di conquistare un titolo che avrebbe meritato. Ma l'allenatore dell'Uruguay, Alberto Suppici, non è tipo da scendere a compromessi. Un duro, secondo i racconti dell'epoca e nonostante la giovanissima età. Un duro che pretende disciplina ferrea e non concede sconti a nessuno. La sua intransigenza si nota già nel ritiro scelto per preparare la manifestazione: un albergo isolatissimo, situato nel cuore del Parque do Prato, un enorme parco di Montevideo che ai tempi conta 150mila alberi. Un luogo praticamente inaccessibile dall'esterno e che costringe i giocatori a una vita pressoché monastica: nessun divertimento, ore e ore di allenamento quotidiano tra interminabili corse nel bosco e sedute di tattica e preparazione fisica. E alle 21 tutti devono essere nelle rispettive camere. Guai a chi prova a uscire dal seminato, anche solo per un piccolo momento di svago: Cea e Urdinaran vengono scoperti a fumare e Suppici li costringe a fare cento flessioni;

Anselmo e Tejera organizzano una bisca e il tecnico confisca il piatto. Viste le premesse, sembra così quasi normale che Mazali venga addirittura cacciato… Abbandona furtivamente il ritiro, scappa con la ragazza bionda con cui trascorre tutta la notte e quando all'alba rientra, trova Suppici davanti alla porta della sua camera. L'allenatore non vuole sentire ragioni: Mazali è fuori, deve andarsene, il suo posto viene preso dalla riserva, Enrique Ballestrero. Il portiere dell'Uruguay bi-campione olimpico, che vanta anche una proficua e vincente carriera a livello di club con il Nacional, è così costretto a guardare i suoi compagni vincere il Mondiale dalla tribuna. Non tornerà più in nazionale, Mazali, nonostante abbia solo 28 anni. E chissà se - riflettendo su quell'episodio - avrà pensato se ne valesse davvero la pena perdere un Campionato del Mondo solo per una notte d'amore.

Sportivo poliedrico, portiere moderno

Sarebbe ingiusto e ingeneroso ricordare Mazali solo per la "dama bionda". Il numero uno della Celeste è molto di più. Uno dei migliori estremi difensori del decennio 1920-1930, in termini di continuità, senso della posizione, riflessi e coordinazione. È anche un giocatore moderno: in un'epoca in cui i portieri sono soliti rimanere fermi quasi esclusivamente sulla linea di porta, Mazali esce spesso per respingere le insidie portate dagli avversari al limite dell'area, potendo sfruttare un'agilità fuori dall'ordinario. Inoltre, ha personalità da vendere: non sta mai zitto, urla ai compagni come muoversi e dove posizionarsi e quando si creano mischie in area sgomita, chiama la palla, cerca di far capire a tutti che quello è il suo regno e nessuno ci può entrare. Le sue doti tecniche e atletiche gli consentono di essere non solamente un calciatore di alto livello, ma uno sportivo a 360 gradi: per anni, oltre al *futbol*, pratica con successo anche basket e atletica. E in entrambe le discipline raggiunge risultati più che lusinghieri: nel 1920, in Cile, diventa campione sudamericano dei 400 a ostacoli, mentre nel 1923 conquista il titolo nazionale di pallacanestro con l'Olimpia. Quando poi decide di dedicarsi esclusivamente al calcio, regala spettacolo, diventando un'attrazione degli stadi e un idolo dei tifosi, non meno dei celebrati compagni della linea offensiva. Alle Olimpiadi di Parigi e Amsterdam come nel tour europeo del '25, ad esempio, riceve numerosi attestati di stima da parte degli addetti ai lavori europei e fa capire una volta di più come l'Uruguay degli Invincibili sia tale non solamente per la forza preponderante di un attacco senza pari, ma anche per la solidità e la compostezza del reparto arretrato. Dove alle spalle di tutti domina lui, Mazali: un colosso di oltre un metro e ottanta che quando si tuffa diventa scattante come una molla ed è in grado di neutralizzare i tiri più angolati come se al posto delle mani avesse due calamite.

ANDRES MAZALI IN CIFRE

Nato a Montevideo il 22 luglio 1902
Morto a Montevideo il 30 ottobre 1975
Soprannomi: El Buzo.

Carriera nei club

Squadre di appartenenza: Nacional Montevideo (1919-1930).
Presenze e reti: Nacional Montevideo: 267 presenze.
Titoli vinti: 5 campionati uruguaiani.

Carriera in Nazionale

Presenze e reti: 21 presenze, 20 gol subiti.
Titoli vinti: 3 Coppe America (1923, 1924, 1926), 2 ori olimpici (1924, 1928).

Da Anselmo a Zingone: ci siamo anche noi

Le grandi squadre e i grandi progetti non sono fatti di soli campioni. Dietro alle quinte ci sono tanti, tantissimi, gregari, i cui nomi non rimangono scolpiti nella storia a caratteri cubitali. Ma che meritano ugualmente di essere ricordati. Perché anche loro offrono un contributo, dando una mano per la realizzazione di quei giorni di gloria. Ritengo così necessario menzionare in breve - e in rigoroso ordine alfabetico - tutti i protagonisti delle trionfali cavalcate dei Giochi Olimpici del '24, del '28 e del Mondiale del '30.

Juan Peregrino Anselmo (1902-1975), centravanti classico e potente, è riserva nell'Olimpiade del '28 e indubbio protagonista dell'alloro iridato: prende il posto di Petrone e realizza tre gol, di cui due in semifinale alla Jugoslavia. Prima della finale, è colto da un crisi ansiosa e viene sostituito da Castro. In nazionale fa sua anche la Coppa America del '35 e chiude con 8 presenze complessive. Nel Peñarol vince cinque scudetti.

Pedro Arispe (1900-1960), di mestiere operaio della carne, di ruolo terzino metodista, in coppia con Josè Nasazzi conquista le due edizioni olimpiche e una Coppa America. I due si completano a meraviglia: la classe, il tempismo e la potenza atletica del "Gran Mariscal" si fondono alla perfezione con la solidità in uno contro uno e il rigoroso senso della posizione dell'altro. Arispe gioca in nazionale dal 1924 al 1929, per un totale di 19 partite. A livello di club, rimane tutta la carriera nel Rampla Juniors, con cui vince un campionato.

Juan Pedro Arremon (1899-1979), ala, cresce nel Peñarol e ci resta tutta la vita, laureandosi cinque volte campione nazionale. Fa parte della spedizione di Amsterdam, dove gioca due incontri: il primo con l'Olanda e il secondo nella ripetizione della finale contro l'Argentina. In tutto, con l'Uruguay, colleziona 14 presenze e una rete.

Enrique Ballestrero (1905-1969), portiere, ha il merito di farsi trovare al posto giusto nel momento giusto: destinato al ruolo di riserva di Mazali nel Mondiale casalingo, ne prende il posto quando il titolare viene cacciato dal ritiro. Non sfigura, mettendo in mostra un discreto repertorio, e palesando qualche titubanza solo nella finalissima con l'Argentina. Con la Celeste (19 presenze) si toglie anche la soddisfazione di conquistare la Coppa America del '35, mentre tra Rampla Juniors e Peñarol fa suoi quattro campionati.

Venancio Bartibas (1906-1977), mediano laterale sinistro, è potente e dirompente sul piano atletico ed è formidabile nel gioco aereo essendo alto più di un metro e novanta. Fa parte della squadra che vince l'Olimpiade di Amsterdam, ma non scende mai in campo. La sua carriera si svolge quasi tutta nel Central Español, tranne una breve parentesi nel Nacional. Proprio il Nacional provvede ai costi del funerale del fratello, morto giovanissimo: Venancio è povero e il suo lavoro di elettricista non gli consente di pagare la sepoltura.

Fausto Batignani (1903-1975), portiere del Liverpool Montevideo, vice di Mazali ad Amsterdam '28. In nazionale (11 partite) arpiona anche una Coppa America.

Rene Borjas (1897-1931), centravanti di sfondamento, disputa l'Olimpiade di Amsterdam. Entra nella storia per la frase "Tuya Hector", oggi parte della cultura uruguaiana, pronunciata nel momento in cui serve a Hector Scarone la palla della vittoria. In nazionale centra anche una Coppa America. Poi la tragica fine: mentre assiste in tribuna al trionfo in campionato del suo Montevideo Wanderers, è colpito da un attacco cardiaco: inutili i tentativi di rianimarlo, Borjas muore sul colpo a soli 34 anni.

Juan Carlos Calvo (1906-1977), attaccante del Miramar Misiones, è convocato per il Mondiale 1930, ma non gioca mai.

Antonio Campolo (1897-1959), attaccante polivalente, particolarmente efficace all'ala. Gloria del Peñarol, che trascina a cinque scudetti, in nazionale disputa 21 partite con tre reti, arpiona una Coppa America, salta l'Olimpiade del '24, ma si riscatta ad Amsterdam: è suo uno dei tre gol con cui spegne il sogno dell'Italia in semifinale.

Adhemar Canavessi (1903-1984), terzino metodista. Dopo gli inizi nel Bella Vista, passa al Peñarol nel 1928 e si laurea quattro volte campione nazionale. Con l'Uruguay gioca dal 1925 al 1928, chiudendo con 9 presenze e l'oro olimpico in Olanda. Il suo rendimento in maglia Celeste non è dei più brillanti: nella Coppa America del '27 consegna il titolo all'Argentina realizzando un clamoroso autogol, a cinque minuti dalla fine, nel match decisivo per l'assegnazione del trofeo; ad Amsterdam va completamente in bambola nella semifinale contro l'Italia.

Miguel Capuccini (1904-1980), portiere del Peñarol, è il dodicesimo nel Mondiale del '30 alle spalle di Ballestrero. Non scende mai in campo, ma il titolo iridato è anche suo. Sei i gettoni totali in maglia Celeste.

Pedro Casella (1898-1971) è il portiere di riserva di Mazali a Parigi '24. In nazionale totalizza 7 presenze, conquistando anche le Coppe America del '23 e del '24.

Pablo Dorado (1908-1978), ala destra, vive i suoi giorni di gloria nel Mondiale del '30, quando è uno dei protagonisti del successo, segnando l'1-0 nella finale. Il totale delle reti con la maglia della Celeste è tre, in sette incontri. Cresciuto nel Bella Vista, nel 1931 si trasferisce al River Plate in Argentina, dove vince uno scudetto.

Pedro Etchegoyen (1894-data di morte sconosciuta), attaccante del Liverpool Montevideo, gioca appena una partita in nazionale, segnando tra l'altro una rete. È nella rosa della squadra che porta a casa sia la Coppa America '23 sia l'oro olimpico '24, ma non viene mai schierato.

Lorenzo Fernandez (1900-1973), uno dei più bravi centromediani del mondo a cavallo tra gli anni '20 e '30. Titolare inamovibile della squadra che trionfa prima ad Amsterdam e poi nel Mondiale casalingo, ha forza fisica, temperamento e grande abilità nei rilanci. Nella finale iridata contro l'Argentina è uno dei migliori in campo. Con la Celeste totalizza 31 presenze e 4 reti, vincendo da protagonista anche due Coppe America. Nel suo palmares figurano pure 4 scudetti con il Peñarol.

Roberto Figueroa (1904-1989), ala sinistra dallo spiccato fiuto per il gol: ne realizza 6 in 9 partite con la Celeste. È tra gli eroi di Amsterdam, segna l'1-0 nella ripetizione della finale contro l'Argentina su assist di Scarone. A livello di club, è per anni una colonna del Montevideo Wanderers.

Alvaro Gestido (1907-1957). Con Andrade e Fernandez compone una delle più forti linee mediane dell'anteguerra, se non la più forte in assoluto, dominando la scena ad Amsterdam nel '28 e a Montevideo nel '30. Lui occupa stabilmente la zona mancina, dove si propone come un elemento completo, bravo sia a marcare l'ala destra avversaria sia a salire palla al piede per dare manforte al gioco offensivo. Ha carisma, stile, forza fisica e personalità da vendere, tanto da meritarsi il soprannome di "Caballero de Deporte", il cavaliere dello sport. Suo fratello, Oscar Diego Gestido, sarà anche Presidente dell'Uruguay per pochi mesi, nel 1967. Gioca con la Celeste fino al 1940, chiudendo con 25 presenze. Con il Peñarol vince ben 7 scudetti.

Alfredo Ghierra (1894-1973) è il mediano sinistro titolare dei Giochi parigini: guadagna il posto nei quarti contro la Francia e non lo molla più fino all'oro. Vanta anche tre successi in Coppa America. In tutto colleziona 14 gettoni con la Celeste. Lega il suo nome al Defensor Sporting, società di Montevideo della quale è uno dei soci fondatori, ma gioca anche nell'Universal e nel 1925 prende parte alla "Gira de 1925" con il Nacional Montevideo.

Santos Iriarte (1902-1968), ala sinistra, inizia al Racing Montevideo e poi passa al Peñarol. È una delle chiavi nel successo iridato: segna due reti (le uniche due con la nazionale, in cinque incontri complessivi) nella semifinale contro la Jugoslavia e nella finale con l'Argentina.

Ernesto Mascheroni (1907-1984) forma con Nasazzi il duo di terzini metodisti nel Mondiale 1930. Prende il posto dell'infortunato Tejera dopo il primo incontro e disputa una serie di prestazioni di buon livello. Baluardo del Peñarol, con cui conquista tre scudetti, nel 1934 si trasferisce all'Independiente in Argentina e poi all'Inter in Italia, dove rimane due anni. Naturalizzato italiano, racimola anche due partite con la nazionale azzurra. Con l'Uruguay, invece, ne mette insieme 12.

Angel Melogno (1905-1945), centrocampista del Bella Vista, gioca una sola partita con la maglia della Celeste, ma è in rosa sia ad Amsterdam '28 sia nel Mondiale casalingo.

Josè Naya (1896-1977), ala destra del Liverpool Montevideo, due presenze in nazionale, entrambe nei Giochi '24, nel 7-0 alla Jugoslavia e nel 5-1 alla Francia.

Juan Piriz (1902-1946), centromediano o mediano sinistro, gioca per Peñarol, Defensor e Nacional. Partecipa alle Olimpiadi del '28 e offre un buon contributo, scendendo in campo sia nel match contro la Germania sia nella ripetizione della finale con l'Argentina. Sono le sue due uniche presenze in maglia Celeste.

Emilio Recoba (1904-1992), centrocampista, solo omonimo del "Chino" futuro giocatore interista. Divide la sua carriera tra il Charley e il Nacional, mentre in nazionale (5 presenze) è nell'elenco dei convocati nel Mondiale del '30, pur restando sempre in tribuna. Vanta ad ogni modo un record: della squadra campione del mondo è l'ultimo a morire, alla ragguardevole età di 88 anni.

Carlos Riolfo (1905-1978), difensore, inizia nel Peñarol, poi passa all'Estudiantes in Argentina e milita una stagione anche in Italia, nel Palermo. È una riserva nel Mondiale casalingo. Con l'Uruguay colleziona due partite.

Angel Romano (1893-1972), per il valore del giocatore e lo spessore della carriera, meriterebbe un posto tra i campioni. Ma all'età della *Generacion Dorada* partecipa solo in parte: dà il meglio di sé, infatti, a cavallo tra gli anni '10 e gli anni '20 e si ritira dalla nazionale nel 1927. Soprannominato "El Loco", il pazzo, è un attaccante a tutto tondo, ma viene preferibilmente schierato all'ala sinistra, dove può sprigionare tutto il suo sublime campionario di finte, accelerazioni brucianti e cross mortiferi. Debutta nel Nacional nel 1910, poi passa al Peñarol e gioca un anno in Argentina, nel Boca Juniors. Tornato al Nacional nel 1915, ci resta per 15 anni, chiudendo con 164 reti in 388 incontri e vincendo la bellezza di otto scudetti. Ma è in nazionale che raggiunge la gloria massima: dal 1911 al 1927 mette insieme 68 gettoni, conditi da 28 gol. Conquista l'oro di Parigi '24 e soprattutto sei edizioni della Coppa America (1916, 1917, 1920, 1923, 1924 e 1926): nessuno, nella storia, ne ha vinte di più.

Zoilo Saldombide (1903-1981), ala tecnica, veloce e impiegabile su entrambe le fasce, è una colonna del Nacional Montevideo, che onora con 182 presenze e 45 reti. Trova discreto spazio anche in nazionale: 15 gare e 3 gol. Prende parte all'oro di Parigi e al Mondiale vinto in casa sei anni più tardi, ma resta sempre in tribuna in entrambe le occasioni. Nella sua bacheca figurano inoltre due Coppa America.

Domingo Tejera (1899-1969), terzino solido e affidabile, trascorre tutta la sua parabola sportiva nel Montevideo Wanderers, con cui colleziona 287 presenze e 5 reti. Dopo aver vinto da riserva l'oro olimpico del '28, è il titolare designato nel Mondiale 1930 per fare coppia con Nasazzi. Un infortunio, però, lo toglie di mezzo dopo la prima partita contro il Perù e il suo posto viene preso da Mascheroni. Con l'Uruguay raccoglie 20 presenze e vince anche due edizioni di Coppa America.

Humberto Tomassina (1898-1981), difensore mancino, ma all'occorrenza anche mediano laterale sinistro, fa parte della spedizione vittoriosa di Parigi. Bandiera del Liverpool Montevideo, in nazionale disputa 5 incontri, di cui due ai Giochi.

Santos Urdinaran (1900-1979), attaccante potente e versatile, può ricoprire tutti i cinque ruoli del pentagramma offensivo. È l'ala destra titolare sia a Parigi sia ad Amsterdam, mentre nel Mondiale di casa a Montevideo è una riserva. Con la Celeste (20 presenze e 2 reti), conquista anche tre Coppe America. Istituzione del Nacional, ci rimane per 14 anni, collezionando 124 gol in 318 partite e centrando 5 titoli nazionali. Gioca inoltre una stagione nel Barcellona, scelto dal club blaugrana insieme a Scarone, ma non ha fortuna.

Josè Vidal (1896-1974) è un vero e proprio jolly della linea difensiva. Può giocare indifferentemente come terzino metodista, centromediano e mediano laterale. Colonna del trionfo del '24, in nazionale disputa sette gare, con un gol, proprio a Parigi, nel 7-0 alla Jugoslavia. In maglia Celeste vince anche due Coppe America. Spende la maggior parte della sua carriera nel Belgrano Montevideo.

Alfredo Zibechi (1895-1958), centromediano. È l'uomo che prende il posto di Abdon Porte nel Nacional Montevideo, club dove si trasferisce nel 1917, proveniente dal Montevideo Wanderers. Con i *Tricolores* gioca fino al 1924, per un totale di 34 gol in 218 presenze. Debutta in nazionale a 20 anni e ci resta per 9, toccando quota 39 partite con un gol. Arpiona tre Coppe America e l'oro di Parigi, quando gioca da titolare il match dei quarti contro la Francia.

Pedro Zingone (1899-data di morte sconosciuta), mediano, giocatore del Lito, fa parte della rosa del '24, ma non scende mai in campo. Con la Celeste conquista due edizioni di Coppa America.

Angel Romano

Piriz, Gestido e Scarone

PARTE SETTIMA

DOPO LA *GENERACION DORADA*

Dalla crisi degli anni '30 e '40 a un nuovo ciclo vincente

Ci sono squadre capaci di rimanere ai vertici del calcio mondiale resistendo al logorio del tempo e all'evolversi dei cambiamenti, che siano di natura sociale, economica, politica. E ci sono invece squadre che vivono l'attimo. Toccano la gloria con un dito per istanti più o meno lunghi, ma poi spariscono, finiscono in secondo piano e attendono per anni, magari ancora oggi, di tornare a rinverdire quegli antichi fasti. Per le nazionali è uguale. Alcune sono sempre lì sulla breccia. Mutano le generazioni, i calciatori, gli allenatori, le filosofie e le tattiche di gioco. Ma riescono sempre a mantenersi vincenti o, comunque, importanti. Pensiamo al Brasile, all'Italia o alla Germania, che dominano la scena internazionale bene o male dal dopoguerra, ma anche all'Argentina, che dal titolo iridato del '78 occupa stabilmente una delle primissime posizioni nel gotha mondiale.

Poi ci sono altre nazionali che sono molto più soggette ad alti e bassi, spesso più bassi che alti, che hanno concupito e stregato il mondo per qualche anno, ma poi non sono più state capaci non dico di arrivare a quel livello, ma nemmeno di sfiorarlo. In Europa, esempi lampanti sono quelli dell'Austria e soprattutto dell'Ungheria, passata dalla finale mondiale '38 e ancor più dall'inarrivabile (in tutti i sensi) *Aranycsapat* di Ferenc Puskas alla miseria degli ultimi decenni. Anche l'Uruguay, seppur in modo meno netto e meno brusco dei magiari, ha vissuto una situazione analoga. Da quel 1930, che chiude un ciclo irripetibile, il *futbol charrua* inizia a decadere, a perdere colpi, a viaggiare a ondate e non riesce più a consolidarsi ai vertici. Negli anni '30 e '40, nonostante due edizioni di Coppa America vinte (1935 e 1942), l'ago della bilancia si sposta più verso Brasile e Argentina, con l'Uruguay incapace di tenere il passo, non solo in termini di successi sul campo, ma pure nella produzione di talenti.

Il titolo del '50 ottenuto in casa del Brasile, il famoso Maracanazo, e il successivo quarto posto del Mondiale '54 in Svizzera riportano in auge per un breve periodo la scuola uruguaiana. Anche se - come struttura di squadra, continuità di risultati e fascino esercitato sul resto del mondo - questo ciclo, pure vincente e di straordinaria levatura, non è paragonabile all'era dei "Los Invencibles" del decennio 1920-1930. Due sono i principali punti di riferimento di quella nuova generazione: il capitano Obdulio Varela, il cui carisma tocca vette di maradoniana memoria ed è la chiave giusta per innervosire il Brasile gonfio di superbia e consegnare un alloro iridato a cui nessuno crede nelle mani della Celeste; e la mezzala del Peñarol, Juan Alberto Schiaffino, uno dei massimi giocatori di sempre, il solo in patria accostabile al divino Scarone. Di lui Eduardo Galeano scrive: «Schiaffino, con le sue giocate magistrali, organizzava il gioco della squadra come se stesse osservando tutto il campo dalla più alta torre dello stadio». Nel 1954, dopo un Mondiale svizzero giocato splendidamente, viene in Italia, dove vince tre scudetti con il Milan e tiene a battesimo un giovanissimo Gianni Rivera, che ne erediterà degnamente la bacchetta del comando.

Schiaffino e Varela sono dunque le stelle dell'Uruguay anni '50, anche se il personaggio forse più affascinante di quel periodo è un altro, che racimola appena 4 presenze in nazionale e neppure disputa il Mondiale '50 a causa di una lunga squalifica. Si chiama Walter Gomez. È il più amato dalla gente perché è il tipico giocatore sudamericano: tecnica di base impressionante, dribbling nello stretto senza eguali, testa un po' (tanto) matta. Schiaffino è troppo razionale e metodico per gli standard del calcio rioplatense, per quanto a Montevideo si guadagni il soprannome di "El Dios del Futbol"; Gomez invece è la risposta uruguagia al genio di Moreno. La sua età reale è avvolta nel mistero (è nato nel 1927 o prima?) e questo contribuisce ad alimentare il mito. Diventa un idolo, prima in patria, nel Nacional Montevideo, e poi in Argentina, nel River Plate. «La gente non mangia pur di vedere Walter Gomez» cantano i tifosi e lui li ripaga con gol, magie, veroniche e colpi di tacco, ma anche con una vita non sempre irreprensibile fuori dal rettangolo di gioco. Nel 1956 sbarca in Italia, acquistato a peso d'oro dal Milan. Tuttavia, in rossonero gioca appena un'amichevole e si trasferisce al Palermo, per due campionati non indimenticabili, vissuti costantemente sulle montagne russe, come il resto della sua parabola sportiva.

Alla ricerca della gloria perduta

Gli anni che seguono il quarto posto del Mondiale svizzero vedono la Celeste perdere sempre più colpi rispetto ai vicini Brasile e Argentina, che possono contare su un numero di abitanti enormemente superiore e dunque hanno molta più possibilità di scegliere giocatori e coltivare futuri assi della pedata. L'Uruguay conserva un buon feeling con la Coppa America, facendo sue le edizioni 1956 e 1959, ma ai Mondiali fatica a fare strada: nel 1958 non si qualifica nemmeno per la fase finale, quattro anni più tardi va a casa al primo turno. Sul finire degli anni '60 la situazione migliora: la Celeste arriva ai quarti nel Mondiale '66, vince la Coppa America '67 e chiude il cerchio con l'ottimo quarto posto di Messico '70, fermata in semifinale dal Brasile di Pelè. Risultati discretamente prestigiosi e che sono il frutto di una nuova nidiata di grandi giocatori, dal portiere Ladislao Mazurkiewicz alla brillante ala destra Luis Cubilla. Anche se il più bravo è probabilmente Pedro Rocha, faro del Peñarol tre volte campione del Sudamerica dal 1960 al 1966, mezzala di regia poco conosciuta in Europa, ma nei suoi anni d'oro direttore d'orchestra di altissimo magistero e squisita completezza di repertorio. Ma, come era successo dopo il quarto posto del '54, anche dopo quello del '70 il calcio uruguaiano subisce un brusco calo. I gol del centravanti Fernando Morena e le qualità di Waldemar Victorino non sono sufficienti per mantenere la Celeste in una posizione di rilievo sulla scala planetaria: gli anni '70 rappresentano così uno dei periodi più bui del *futbol charrua*, con la nazionale che è poco più di una comparsa nelle competizioni internazionali. Il decennio 1980-1990 segna una ripresa, alimentata dall'avvento del favoloso Enzo Francescoli, detto "El Principe". È un trequartista di straordinaria eleganza e sopraffina classe, che in carriera vince molto e strega anche i tifosi italiani, in particolare quelli del Cagliari, club con cui gioca dal 1990 al 1993. Trascinato dal genio di Francescoli, l'Uruguay conquista altre due edizioni di Coppe America, in modo anche abbastanza stupefacente, e nei Mondiali 1986 e 1990 riesce a superare la prima fase, eliminata entrambe le volte agli ottavi. Peccato che nel ventennio successivo, nonostante un nuovo successo continentale nel 1995, la Celeste entri in una fase di involuzione preoccupante, con una fioritura di talenti che tocca i minimi storici e risultati particolarmente deludenti:

un tempo potenza mondiale, l'Uruguay chiude così il XX secolo in una posizione di rincalzo, non solo a livello globale, ma anche sudamericano.

Di solito, però, dopo il diluvio fa capolino il sole e pazienza se non è un sole che scaldi e illumini come quello dell'epoca d'oro dei "Los Invencibles". Il nuovo millennio si apre con una lenta, ma costante, risalita, che ha il suo apice nel Mondiale 2010, concluso con un sorprendente quarto posto, e con la vittoria nella Coppa America 2011, la 15ª e finora ultima volta sul trono continentale. Piazzamenti che consacrano nuove stelle del firmamento celeste, da Diego Forlan a Edinson Cavani, fino a Luis Suarez, il più forte calciatore uruguaiano in attività. Grazie a loro l'Uruguay oggi ha ritrovato un po' di dignità, cancellando anni bui, anche se tutti sono consapevoli che sarà molto difficile - per non dire quasi impossibile - tornare a vincere un campionato del mondo o avviare un ciclo come quello della *Generacion Dorada*. Erano un altro calcio, un altro contesto, un altro Paese. Per gli uruguaiani quell'epoca resterà un bellissimo ricordo, un indimenticabile pezzo di storia da tramandare alle generazioni future finché il calcio avrà vita. E il racconto dei vecchi ai giovani inizierà più o meno così: «C'era un tempo in cui la nostra nazione, così piccola sul mappamondo, era la regina incontrastata del *futbol*. La guidava un manipolo di uomini. Persone semplici, abituate a svolgere i lavori più umili. Giovani che giocavano a calcio per puro divertimento e divennero invincibili».

INDICE

Altri titoli sul calcio estero delle nostre edizioni

Luca Manes - Max Troiani
CELTIC FOREVER
You'll never walk alone
€ 14,00

Luca Manes
MADE IN ENGLAND
Luci e ombre
del football dei Maestri
€ 14,00

Luca Manes
MANCHESTER UNITED
La leggenda dei Busby Babes
€ 10,00

Alec Cordolcini
LA RIVOLUZIONE DEI TULIPANI
Storie e protagonisti di 100 anni
di calcio olandese
€ 18,00

Simone Bertelegni
ATHLETIC CLUB DI BILBAO
L'UTOPIA CONTINUA
€ 18,00

Alec Cordolcini con Andrea Maggiolo
PALLONE DESAPARECIDO
L'Argentina dei generali
e il Mondiale del 1978
€ 16,00

Luca Manes - Max Troiani
LONDON CALLING
La storia dell'Arsenal e di un secolo
e mezzo di football all'ombra del
Big Ben
€ 14,00

Diego Mariottini
DIO, CALCIO E MILIZIA
Il comandante Arkan, le curve da
stadio e la guerra in Jugoslavia
€ 14,00

Luca Manes
FOOTBALL IS COMING HOME
Appunti di viaggio
nella Patria del calcio
€ 14,00

Diego Mariottini
TIKI-TAKA BUDAPEST
Leggenda, ascesa e declino
dell'Ungheria di Puskas
€ 14,00

Marco Bagozzi - Andrea Bisceglia
STORIA DEL CALCIO CINESE
Dalle origini ai giorni nostri
€ 14,00

Max Troiani
MYARSENAL
Numeri e dati, tabellini e nomi
dell'Arsenal Football Club
€ 15,00

seguici su facebook
Bradipolibri Edizioni

QUANDO IL CALCIO ERA CELESTE
978-88-99146-43-6
Finito di stampare nel mese di agosto 2018
presso Global Print
via degli Abeti 17/1 - Gorgonzola (Italy)
per conto di Bradipolibri Editore Srl - Torino (Italy)